철학자와 함께
지하철을 타보자

철학자와 함께 지하철을 타보자

초판 1쇄 인쇄일 2019년 8월 14일
초판 1쇄 발행일 2019년 8월 21일

지은이   황진규
펴낸곳   달의뒤편
펴낸이   구정남·이헌건
마케팅   최진태

주소   서울 은평구 통일로 684 서울혁신파크 미래청 303B(녹번동)
전화   02.832.9395
팩스   02.6007.1725
URL   www.bookusim.co.kr
등록   제2017-000077호(2014.7.8)

ISBN   979-11-966399-2-1 03100
값   14,000원

'데카르트' 역에서 '들뢰즈' 역까지

철학자와 함께 지하철을 타보자

글 황진규

출발

'철학'을 위한 철학 공부

자신만의
'철학'을
만들고 싶어 하는
이들을 위한
철학 공부

공부를 싫어했습니다. 어느 책 제목처럼, "내가 배워야 할 것은 유치원에서 다 배웠다"라고 생각했기 때문입니다. 하지만 저는 지금, 글을 쓰며 공부하는 것을 업으로 삼고 있습니다. 무슨 일이 있었던 걸까요? '철학'이라는 사건에 부딪혔던 겁니다. 공부란 사는 데 아무짝에도 쓸모없는 것이란 견고한 믿음은 철학을 통해서 균열이 가고 깨어졌습니다. 그렇게 철학은 제 삶을 바꾸어 놓았습니다.

'직장인'에서 '글쟁이'가 되었고, 다시 '프로복서'가 되었고, 다시 '철학자'가 되었습니다. 그렇게 저는 '완벽함'을 지향하던 사람에서 '온전함'을 지향하는 사람이 되었습니다. 저는 이제 압니다. 어제보다 완벽해지려는 사람은 불행해지고, 어제보다 온전해지려는 사람은 행복해진다는 것을요. 왜 안 그럴까요? 완벽함은 자신의 어둠에 집착하는 일이고, 온전함은 자신의 어둠을 기꺼이 긍정하는 일이니까요. 저는 철학을 통해 더 행복해질 수 있었습니다.

이런 삶의 극적인 변화들은 철학을 공부하지 않았다면 불가능한 일이었을 테지요. 사람을 사랑하는 사람이라면, 좋은 것은 나누어 먹고 싶어 하는 게 당연하겠지요. 저 역시 사람을 사랑하려는 인문주의자로서, 많은 장소에서 철학의 쓸모와 의미에 대해 이야기하지 않을 수 없었습니다. 몇몇은 저의 이야기를 외면했고, 몇몇은 저의 이야기에 귀를 기울여 주었습니다. 저의 이야기를 외면했던 분들에게는 해드릴 수 있는 것이 없었습니다.

문제는 제 이야기에 귀 기울여 주었던 분들이었습니다. 그네들은 철학을 공부해서 자신만의 '철학'을 만들고 싶어 했습니다. 자신만의 '철학'을 만들어 어제보다 더 '온전'해지는 삶을 누리고 싶었을 겁니다. 하지만 그것은 녹록지 않죠. 읽어도 무슨 말인지 알 수 없는 난해한 문자들이 난무하는 철학책을 읽기가 만만치 않을 테니까요. 아마 이런 이유로 세상 사람들은 철학을 지적 허영이나 말장난으로 치부하는 것 같기도 합니다.

물론, 반드시 철학이라는 학문앎으로 자신만의 '철학'을 만들 수 있는 건 아닙니다. '삶'을 잘 살아낸 이들은 자신만의 철학을 갖고 있으니까요. 하지만 그렇다고, 학문으로서의 철학 없이 자신만의 철학을 만드는 것도 꽤나 요원한 일일 겁니다. 자신만의 철학은 '앎'과 '삶'이라는 두 다리로 걸어 나가는 과정에서 만들어질 겁니다. 그래서 '앎'으로서 철학 공부는 필요합니다. 문제는 그것이 어렵다는 것이지요.

그래서 철학을 시작하려는 이들에게는, '철학'을 위한 철학 공부가 필요합니다. 난해한 철학을 알아가기 위한 워밍업이라고 할까요? 그렇게 워밍업을 할 수 있다면, 조금은 수월하게 철학책을 읽을 수 있지 않을까요? 그렇게 우리의 삶을 변화시켜 줄 자신만의 '철학'을 만들 수 있지 않을까요?

　이 책이 자신만의 '철학'을 만들기 위해 철학을 공부하려는 이들과, 철학하는 즐거움을 만끽하려는 분들에게 닿기를 바랍니다.

2019년 5월 **황 진 규**

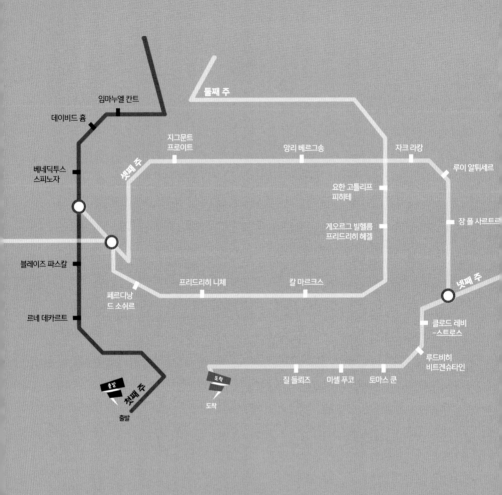

임마누엘 칸트

데이비드 흄

둘째 주

지그문트
프로이트

앙리 베르그송

자크 라캉

베네딕투스
스피노자

셋째 주

루이 알튀세르

요한 고틀리프
피히테

게오르그 빌헬름
프리드리히 헤겔

장 폴 사르트르

블레이즈 파스칼

프리드리히 니체

칼 마르크스

넷째 주

페르디낭
드 소쉬르

클로드 레비
-스트로스

르네 데카르트

루드비히
비트겐슈타인

출발

첫째 주

도착

질 들뢰즈

미셸 푸코

토마스 쿤

출발

도착

첫째 주 여행

월 / 르네 데카르트

화 / 블레이즈 파스칼

수 / 베네딕투스 스피노자

목 / 데이비드 흄

금 / 임마누엘 칸트

근대철학의 아버지

르네 데카르트

데카르트는 중세를 마감하고 근대철학을 열어젖힌 철학
자로 평가받는다.

중세철학의 중심은 '신'이었다. 중세는, 인간을 포함한 세
상 만물은 신이 '있으라!' 함으로써 존재한다고 믿던 시대였
다. 데카르트는 이런 중세철학 질서에 반기를 든다. 인간이 존
재하는 이유는 '생각'을 하기 때문이라고 말했다. 중세의 철
학자들이 인간의 존재 이유를 '신'에게서 찾았다면, 데카르트
는 인간의 존재 이유를 '생각'^{사유}에서 찾았던 셈이다. "나는
생각한다. 고로 존재한다"라는 데카르트의 유명한 말은 바
로 그런 의미다.

첫째주

월   화   수   목   금

르네
데카르트

블레이즈
파스칼

베네딕투스
스피노자

데이비드
흄

임마누엘
칸트

René Descartes: 1596년 3월 31일~1650년 2월 11일

데카르트는 인간의 이성적 능력에서 인간의 주체성을 확보하면서 근대철학의 시대를 열게 된다. 이로써 데카르트는 인간과 인간의 고독한 사유를 철학의 중심으로 끌어들였다. 이것이 데카르트가 근대철학의 아버지로 불리는 이유다.

주요 저서로는 『방법서설』, 『성찰』 등이 있다.

실체

데카르트의 철학을 이해하기 위해서는 '실체'라는 개념부터 파악해야 한다. '실체'는 난해한 개념처럼 들리지만 실은 일상에서 널리 사용하고 있다.

"넌 실체가 뭐야?" 이 질문은 내가 종종 받는 질문이기도 하다. 세상 사람들이 내게 이런 질문을 하는 이유가 뭘까? 나의 삶이 일관적이지도, 통일되어 있지도 않기 때문일 테다. 하긴 왜 안 그럴까? 새벽에는 글을 쓰고, 낮에는 복싱을 하고, 저녁에는 철학수업을 하는 변화무쌍한 삶의 모습이 의아하지 않다면 그게 더 의아할 일이다.

"넌 실체가 뭐야?"라는 질문의 의미는 "겉으로 보이는 다양한 모습 말고 변하지 않는 너의 본질이 뭐야?"라고 묻는 것이다. 실체란 그런 것이다. 모습이 바뀌거나 혹은 다른 것처럼 보이는 경우에도 변하지 않는 본질^{특징}. 실체는 다른 변화를 만들어내지만, 다른 것에 의존하지는 않는 영원한 특징이다.

세상 사람들이 나의 '실체'를 궁금해하는 것도 이제 설명 가능하다. 때로 작가로, 때로 복서로, 때로 선생으로 모습이 바뀌지만, 어떤 경우에도 변하지 않는 나의 실체가 궁금한 것이다. 다른 변화^{작가, 복서, 선생}를 만들어내지만, 다른 것에 의존하지 않는 영원한 특징이 무엇인지 알고 싶은 것이다.

여전히 난해하다면 물을 생각해보자. 물은 어떤 컵에 담기느냐에 따라

모양은 얼마든지 달라질 수 있다. 온도에 따라 얼음이 되기도 하고 수증기가 되기도 한다. 그렇다고 해서 물이라는 본질이 바뀌는 것은 아니다. 컵에 따라, 온도에 따라 여러 변화된 모습을 보이지만 그것은 물의 본질이 있기에 가능한 변화들이다. 변화를 만들어내는 동시에 변하지는 않는 물의 본질이 물의 '실체'다. 말하자면, 물 그 자체가 '실체'인 셈이다.

연장과 사유

데카르트는 이 '실체' 개념으로 세상을 이해하려고 했다. 데카르트에 따르면, 모든 사물에 공통적으로 존재하는 두 가지 '실체'가 있다. '연장'^{延長}과 '사유'^{思惟}다. '연장'이라는 실체는 무엇일까? "회원권 '연장'시킬 수 있어?"라고 할 때의 '연장'이라고 이해하면 된다. '연장'은 'extension' 즉 '늘어남'을 의미한다. 물론 우리가 흔히 말하는 연장과 데카르트의 '연장'에는 차이가 있다.

우리가 '연장'하는 것은, '회원권 연장'처럼 특정한 기간을 의미한다. 하지만 데카르트의 '연장'은 물질, 물체의 가장 중요한 특징으로 공간적인 자리를 차지하는 것을 의미한다. 쉽게 말해, 데카르트의 '연장'은 물질, 물체의 연장이라고 말할 수 있다. "어떤 사물이든 연장이라는 실체를 가진다"라는 말은 "어떤 사물이든 물질적 공간을 차지하고 있다"라는 의미인 셈이다.

그렇다면 '사유'라는 실체는 무엇일까? 사유는 'thought'다. 쉽게 말해 생각이다. 데카르트에 따르면 사유는 의심하고, 이해하고, 긍정하고, 부정하며, 상상하고, 감각하는 것이다. 이런 생각과 관련된 성질 일체가 '사유'다. 이처럼 '사유'는 생각하는 성질이기에 '연장'과 짝 개념이다. '연장'은 물질과 물체로서 물리적 공간을 차지하는 반면, '사유'는 생각하는 성질을 의미하기에 물리적 공간을 차지하지 않는다.

이원론

'사유'와 '연장' 개념에서 알 수 있듯이, 데카르트에게는 두 개의 실체가 존재한다. '사유'에 해당하는 정신적 실체, '연장'에 해당하는 물질적 실체. 데카르트는 세상이 이 두 개의 실체로 이뤄져 있다고 파악했다. 그것이 '이원론'二元論이다. 데카르트의 철학체계 안에서 모든 대상은 '정신사유-물질연장'의 이원론적 관점에서 설명된다. 이원론적 세계관을 가진 데카르트는 당연히 인간 역시 이원론적으로 파악했다.

그에게 인간은 육체와 정신이 결합해서 이뤄진 존재다. 정확히 말하자면, 육체라는 '연장'과 정신이라는 '사유', 이 두 가지 실체로 이뤄진 존재가 인간이다. 여기서 주목해야 할 점은, 데카르트의 이원론에 있어서 '사유-연장'이라는 두 가지 실체가 동등한 위상이 아니라는 사실이다. 데카르트에 따르면 연장육체보다 사유정신가 우선한다. 인간에게 더 중요한 실체는 '육체'가 아니라 '정신'이다.

코기토

데카르트가 누구인지는 몰라도 "나는 생각한다. 고로 존재한다"cogito ergo sum라는 이야기를 들어보지 않은 사람은 없을 테다. '코기토'cogito는 '생각하다'라는 뜻을 가진 라틴어 cogitare의 1인칭 형태다. 즉, 코기토는 '나는 생각한다'라는 뜻이다. 언뜻 "나는 생각한다. 고로 존재한다"라는 데카르트의 명제는 황당하게 들리기도 한다. 사실, 우리는 육체연장가 있기에 존재한다고 믿지 않는가? 밥을 먹고, 손으로 문을 열고, 온몸으로 세상에 부딪힐 때 존재한다고 느낀다.

　하지만 지금, 데카르트는 생각^{사유}하기만 하면 존재한다고 말하고 있다. "나는 생각한다. 고로 존재한다"라는 말은 우리에게는 낯설지 몰라도 데카르트에게는 전혀 그렇지 않다. 데카르트는 세상도 인간도 모두 사유와 연장으로 구성된 것으로 보았다.^{이원론} 하지만 여기서 중요한 점은 데카르트에게 더 우선하고 중요한 것은 언제나 '연장'^{육체}이 아니라 '사유'^{연장}였다는 사실이다. 그런 데카르트였기에, 인간 존재의 이유를 육체가 아니라 생각에서 찾는 것은 너무나 당연한 귀결이었다.

　데카르트는 '나'^{인간}란 '생각하는 나', 곧 정신과 동일한 것으로 여겼다. 더 나아가 데카르트는 인간의 정신, 즉 이성은 완벽하다고 주장했다. "남의 것을 훔치면 안 된다"라는 것을 인간이면 다 안다. 인간은 이성적 존재이고 이성은 완벽하니까. 인간은 '생각'^{사유}할 수 있기에 완벽하게 존재할 수 있는 것이다. 데카르트의 '코기토', 즉 "나는 생각한다. 고로 존재한다"라는 말은 그런 의미다.

데카르트가 도덕학에 매달린 이유?

데카르트는 도덕학을 최고의 학문으로 여겼다. 왜 그랬을까? 데카르트의 말처럼, 정말 인간은 이성적인 존재일까?

그렇다. "남의 것을 훔치면 안 된다"라는 것쯤은 이성적 존재인 인간이라면 다 안다. 하지만 현실도 정말 그런가? 전혀 아니다. 남의 물건을 훔치고 뺏는 일은 도처에서 늘 일어난다.

데카르트의 말처럼 인간이 완벽한 이성^{사유}을 갖춘 존재라면 이런 문제는 애초에 일어나지 말아야 하는 것 아닌가? 데카르트는 이 지극히 현실적인 문제를 어떻게 돌파하려 했을까?

다름 아닌 '사유'^{정신}의 짝 개념인 '연장'^{육체}으로 해결하려 했다. 인간의 이성^{정신}은 완벽하다. 그럼에도 비이성적으로 행동하는 인간이 존재하는 이유는 연장 때문이다. 인간의 또 다른 실체인 육체 때문이라는 것이다.

데카르트는 인간에게 주어진 연장 즉 육체 때문에 발생할 수밖에 없는 본능^{배고픔}, 감정^{질투}, 욕망^{훔치고 싶다} 같은 것들이 이성을 교란시킨다고 보았다. 그래서 데카르트는 정신^{이성}이 완전성을 발휘하려면 육체적인 면을 통제하고 억압해야 한다고 굳게 믿었다.

이제, 왜 데카르트가 도덕학을 최고의 학문으로 여겼는지 그 이유를 알겠다. 엄격한 도덕적 규칙에 따르게 할 때 육체^{연장}에서 기원하는, 완벽한 이성을 교란하는 본능·감정·욕망을 효과적으로 통제할 수 있다고 보았기 때문이다. 그래서 데카르트는 인간이 자연을 지배하기 위해 자연을 잘 알아야 하는 것처럼, 정신이 육체를 잘 지배하기 위해서 육체를 잘 알아야 한다고 주장했던 것이다.

데카르트는 육체에서 생겨나는 본능, 감정과 욕망을 규제하고 그 힘을 조절하기 위해서는 육체에 관해 잘 알아야 한다고 말했다. 이런 데카르트의 철학은 여전히 우리 시대를 휘감고 있는 금욕주의적 형태로 남아 있다. 우리 역시 얼마나 우리의 감정과 욕망을 집요하게 억압해왔던가.

이런 금욕주의적 사고는 근본적으로 이원론적 사고에 기반해 있다. 육체든 정신이든, 둘 중 하나를 억압할 수 있다고 믿는 것은 애초에 육체와 정신이 따로 있다고 믿기에 가능한 일이니까.

문득 궁금해진다. '육체와 정신이 따로 존재'하는 것이 아니라, '육체와 정신은 유기적으로 연결된 하나'라는 사고를 갖게 되었을 때 우리는 어떤 삶을 살게 될까?

인간의 맨얼굴을 폭로한 철학자

블레이즈 파스칼

파스칼은 인간의 심정^{감정}을 강조한 프랑스 근대철학자다. 데카르트가 인간 이성의 중요성을 역설할 때, 파스칼은 인간이 이성뿐만 아니라 심정에 영향을 받는 존재임을 주장했다. 파스칼은 더 나아가 이성적 존재로서만이 아니라 심정적 존재로서 인간을 성찰하려고 했다. 이것이 철학사에 남긴 파스칼의 가장 큰 업적이다.

첫째주	월	**화**	수	목	금
	르네 데카르트	**블레이즈 파스칼**	베네딕투스 스피노자	데이비드 흄	임마누엘 칸트

Blaise Pascal: 1623년 6월 19일~1662년 8월 19일

파스칼은 탐욕, 잔인, 자만, 허영 등과 같은 심정적 인간
으로서의 비참함을 적나라하게 드러냈다. 이를 통해 인간이
이성적 존재가 아니라 (비이성적인) 심정적 존재임을 밝혔다.

인간의 이성과 사유를 중시하는 서양 근대의 경향 때문에
파스칼은 데카르트의 후광에 가려진 측면이 있다. 하지만 근대
를 지나온 우리는 데카르트보다 파스칼의 진단이 인간이라는
존재를 더 잘 설명하고 있다는 것을 안다.

주요 저서로는 『기하학의 정신에 대해』, 『팡세』 등이 있다.

이성과 심정

"심정은 이성이 모르는 자신의 이유를 가지고 있다"

파스칼이 자신의 철학을 함축적으로 보여주려 했던 말이다. 파스칼의 철학을 파악하려면 먼저 '이성'raison과 '심정'coeur이 어떤 의미인지부터 파악해야 한다. '이성'과 '심정'은 짝을 이루는 개념이다. 파스칼에 따르면, 인간의 마음에는 이성과 심정이라는 두 측면이 존재한다. 이성은 '기하학의 정신'esprit de géométrie과 관련된 것이고, 심정은 '섬세의 정신'esprit de finesse에 관련된 것이다. 선뜻 이해가 어렵다. 풀어서 설명해보자.

'기하학'geometry은 토지측량을 위해 도형을 연구하는 데서 기원한 수학의 한 분야다. 조금 더 구체적으로 말하자면 기하학은 점, 직선, 곡선, 면, 부피 사이의 관계를 연구하는 학문이다. 파스칼은 이성을 이런 "기하학의 정신"이라고 말했다. 이것이 의미하는 바가 뭘까? 이성은 인간이라면 누구나 갖고 있는 잠재적이고 보편적인 능력을 의미한다. 도형과 숫자를 연구하는 기하학일종의 수학은 배우면 누구나 익힐 수 있기 때문이다. 인간에게는 그런 능력이 잠재적이고 보편적으로 존재한다. 이것이 파스칼이 말한 "기하학의 정신" 즉 '이성'이다.

그렇다면 "섬세의 정신"이라고 말한 '심정'은 뭘까? "섬세의 정신"은 각 개인이 고유하게 갖고 있는 단독적 능력이다. 즉, 심정은 한 사람 한 사람이 갖고 있는 섬세하고 고유한 직관적 감성과 판단능력이다. 우리네 일상 언어와 가장 가까운 단어는 '감정'이라고 말할 수 있다.

하지만 '심정'과 '감정'은 미묘하게 다른 지점이 있다. 직관적 감성, 즉 바로 무엇인가를 느낀다는 측면에서 '심정'과 '감성'은 같다. 하지만 차이점이 있다. 우리가 흔히 말하는 '감정'은 단순히 느끼는 것이지 거기에 어떠한 판단능력은 없다. 하지만 파스칼의 심정은 직관적 감성과 판단능력까지 포함한다.

"심정은 이성이 모르는 자신의 이유를 가지고 있다"라는 파스칼의 말을 이제 이해할 수 있다. 파스칼에게 '이성–심정'의 관계에서 중요한 것은 '심정'이다. 파스칼에 따르면, 인간은 기하학의 정신만을 가진 존재, 즉 '이성'적인 존재가 아니다. 인간은 단독적인 섬세의 정신을 가진 존재 즉 '심정'적 존재다.

인간은 심정적 존재인 까닭에 어떤 사람, 사건에 마주쳤을 때 즉시 느껴지는 직관적 감성을 피할 수 없다. 그로 인해 인간은 비이성적인 특정한 판단을 내릴 수 있게 된다. 달리 말해, 인간은 '심정' 때문에 비이성적인 상태에 이를 수 있게 된다는 의미이기도 하다. 구체적인 예를 들어 말해보자.

"네가 내 지갑 가져갔지?" 느닷없이 친구가 화를 냈다. 나는 지갑을 가져가지 않았고 그렇게 생각할 근거도 없다. 누가 봐도 내 잘못이 아닌 일로 친구가 나에게 화를 낼 때 같이 화를 내며 싸울 필요가 없다. '이성'적으로는 분명 그렇다. 하지만 실제는 이와 다르게 흘러간다. 오해건 뭐건 다짜고짜 나 역시 같이 화를 내며 싸울 수밖에 없다. 나인간는 심정적 존재니까. 정확히는 인간은 심정적 존재이기 때문에 이성이 제 역할을 하지 못하게 되는 존재다. 파스칼에게 인간은 그런 존재다.

허영

"인간은 허영을 가진 심정적 존재이다." 인간을 차갑게 진단한 파스칼의 전언이다. 파스칼은 '심정'으로부터 '허영'이라는 논의로 나아간다. '허영'vanity은 무엇일까? 파스칼에 따르면, 인간은 '심정'적 존재이기에 자기 자신을 사랑하게 되고, 이 때문에 타인으로부터 사랑받고 싶은 욕망에서 벗어날 수 없다.

'허영'虛榮은 말 그대로 '비어있는'虛 '꽃'榮이라는 의미다. 겉으로는 아름다워 보이지만 실제로는 비어있는 꽃이 '허영'이다. 허영은 실제 자신의 모습보다 더 아름답게 꾸미려는 것이다. 인간은 누구나 실제 자신의 모습보다 아름답게 꾸미려는 심정에서 자유로울 수 없다. 왜? 그래야 타인으로부터 사랑받을 수 있다고 믿기 때문이다. 파스칼은 어떤 인간도 이 허영에서 자유로울 수 없다고 말한다.

"허영은 사람의 마음속에 너무도 깊이 뿌리박혀 있는 것이라서 병사도, 아랫것들도, 요리사도, 인부도 자기를 자랑하고 찬양해줄 사람들을 원한다. 심지어 철학자들도 자신의 찬양자를 원한다. 이것을 반박해서 글을 쓰는 사람들도 훌륭히 썼다는 영예를 얻고 싶어 한다. 이것을 읽는 사람들은 읽었다는 영광을 얻고 싶어 한다. 그리고 이렇게 글을 쓰고 있는 나 자신도 아마 그런 바람을 가지고 있는지 모르겠다. 또한 이것을 읽을 사람들도 아마 그러할 것이다."

– 『팡세』 중에서

모든 인간은 심정적이기에 허영에 가득 찬 존재다. 파스칼의 진단은 차갑지만 날카롭다. 아름다운 외모에 집착하는 것은 허영이다. 성형수술하고 다이어트를 하고 화장을 하는 것은 모두, 실제 자신의 모습보다 아름답게 꾸미려는 허영이다. 낯설게 들릴 수도 있겠지만, 그 반대도 역시 허영이다.

"중요한 건 외모가 아니라 내면이야"라는 말도 때로 허영이다. 어린 시절부터 못생겼다고 구박받고 자란 사람은 자신의 외모가 아니라 내면이 진짜 자신이라 여긴다. 그래서 이런 이들은 착해 보이는 행동을 하거나 혹은 많은 지식을 쌓아 내면을 아름답게 꾸미려 한다. 이 역시 원래 자신의 모습보다 더 아름답게 보이려고 한다는 측면에서 허영일 뿐이다.

이렇게 사람들은 모두 실제 자신의 모습보다 아름답게 꾸며 세상 사람들의 관심과 시선을 사로잡고 싶어 한다. 인간은 심정적이며 그래서 허영에서 자유로울 수 없으니까. 희대의 탈옥수 신창원도 정의롭다는 이야기를 듣고 싶어 했으며, 독재자 박정희도 위대한 지도자라는 이야기를 듣고 싶어 했다. 심지어 "세상에 자신의 이름을 떨치려는 것은 의미 없는 짓이다"라는 내용의 책을 쓴 철학자도 자신의 책에 자기 이름이 빠지는 것은 참지 못한다.

파스칼이 인간의 비참함을 폭로했던 진짜 이유?

서양철학사는 흔히 '중세-근대-탈근대'로 나눈다. 중세는 '믿음'의 시대였다. 신에 대한 믿음. 근대는 인간에게 명료하고 투명한 '이성'이 있다고 여긴 이성의 시대다. 그런 이성이 인간 존재를 규정한다고 생각했다. 그럼 근대 너머 탈근대는 어떻게 규정할 수 있을까? '비이성' 혹은 '탈이성'의 시대다. 탈근대는, 인간이 생각만큼 이성적 존재가 아님을 드러내는 시대다.

프로이트로 대변되는 정신분석학은 인간의 무의식을 발견하면서 '근대 너머'를 보여주었다. 쉽게 말해, 인간은 투명하고 명료한 이성 아닌 혼란스럽고 불투명한 무의식의 지배를 받는 존재라는 것이다. 여기에 우리가 파스칼을 유심히 살펴보아야 할 이유가 있다. 파스칼은 프로이트 훨씬 이전, 근대가 열리는 지점에서 데카르트와 각을 세우며 이미 근대 너머의 사유를 보여주었다. 파스칼은 인간의 비이성적인 모습들을 과도할 정도로 노골적으로 드러냈다.

파스칼은 탐욕스럽고 잔인하며, 교활하고 오만한 인간의 면모를 노골적으로 드러냈다. 이와 동시에 그런 부정적인 면모들을 교묘히 가리려는 위선과 허영에 가득 찬 인간의 맨얼굴을 적나라하게 드러내고 인간이 비이성적인 심정적 존재임을 폭로했다. 이와 같은 파스칼의 통찰은 '인간은 이성적 존재'라는 근대의 견고한 진리에 의심의 틈을 내고, 근대 너머에 이르는 실마리를 제공했다. 말하자면, 근대에서 탈근대로 넘어가는 동력을 제공한 셈이다.

여기서 더 흥미로운 점은, 이런 일련의 일들이 파스칼의 의도와 정반대로 흘러갔다는 사실이다. 인간에게는 부정적인 면만큼 긍정적인 면도 많다. 그런데 파스칼은 인간의 긍정적인 면을 외면하고 부정적인 면을 과도하게 부각했다. 왜 그랬을까? 근대를 넘어서기 위해? 아니다. 신이 없어진 시대에 신을 다시 불러들이기 위해서였다.

파스칼은 근대인들을 이렇게 다그쳤던 셈이다. "인간이 이렇게 참담한 존재인데 정말 신이 필요없다고 생각하시오?" 비루하고 부조리한 인간들이 모여 사는 세상에 신마저 없다면 인간의 삶이라는 것이 얼마나 더 추악해지겠느냐고 물었던 것이다. 이것이 파스칼이 인간의 비참함과 남루함을 폭로한 진짜 이유다.

파스칼은 기묘한 지점에 서 있다. 그는 신을 더 이상 믿지 않게 된 '근대' 인들에게 다시 신의 필요성을 설득하고자 인간의 비이성적인 모습을 과도하게 드러냈다. 그렇게 그는 신을 믿었던 '중세'로 돌아가고 싶었던 것이다. 하지만 파스칼의 그 노력 덕분에, 철학은 인간이 이성적인 존재가 아니라 감정적이고 그래서 불투명한 존재임을 자각하게 되는 '탈근대'의 방향으로 나가게 된다. '근대'에서 '중세'로 가려고 했던 파스칼의 노력은 역설적으로 우리를 '탈근대'의 문 앞으로 데려간 셈이다.

신을 너무 사랑해, 무신론자가 된 철학자

베네딕투스 스피노자

스피노자는 근대 최고의 인문주의 철학자로 평가받는다. 스피노자는 신의 권위가 여전히 살아있는 시대를 살았다. 하지만 그는 당대 사람들이 말하는 '신'의 존재가 논리적으로 모순된다고 판단했다.

누구보다 영민했던 스피노자는 논리적으로 모순되지 않는 '신'을 규명하려고 했다. 누구보다 신을 사랑한 그였기에 신의 진짜 모습을 만나고 싶었던 것이다.

Baruch Spinoza: 1632년 11월 24일~1677년 2월 21일

  놀랍게도, 그렇게 시작된 스피노자의 철학적 여정은 세상 만물 모든 것이 '신'이라는 '범신론'汎神論으로 귀결된다. 이는 기독교적 '신'을 부정하는 사실상의 무신론, 전통적 '신'의 절대성을 부정하는 비도덕론이라는 파격적인 결론으로 이어진다.

  이러한 일련의 일들로 인해, 스피노자는 자신이 속해 있던 공동체로부터 파문과 추방을 당하게 된다. 이 때문에 '바뤼흐' 스피노자에서 '베네딕투스' 스피노자로 이름마저 바꾸어야 했다.

  주요 저서로는 『에티카』, 『신학-정치학 논고』 등이 있다.

실체와 양태

스피노자의 철학은 '실체'와 '양태'라는 개념으로부터 출발해야 한다. '실체'부터 말해보자. 스피노자의 '실체'는 간단히 말해 '자기원인'이다. 자기원인? 이게 뭔가? 자기원인은 다른 것을 원인으로 삼아서 존재하는 것이 아니라는 말이다. 달리 말해, 외부원인 없이 스스로^{자기원인} 존재하는 것이다. 스피노자가 말하는 '실체'는 외부원인에 의존하지 않고 스스로^{자기}를 원인으로 삼는 자기원인이다.

이는 데카르트가 말한 '실체'와는 조금 다르다. 데카르트에게는 '사유'와 '연장'이라는 두 가지 '실체'가 있다. 하지만 스피노자의 '실체'는 오직 하나다. 인간을 예로 들어보자.

우선, 스피노자에게 인간은 '실체'가 아니다. 왜 그런가? 인간은 '자기원인'이 아니기 때문이다. 어떤 인간도 부모라는 '외부원인' 없이 존재할 수 없다. 인간은 외부원인^{부모}이 필요하기에 자기원인 즉 실체가 아니다. 그렇다면 스피노자에게 인간은 뭘까? '양태'다. 스피노자의 이야기를 직접 들어보자.

"양태란 실체의 변용 또는 다른 것 안에 있으면서 다른 것을 통하여 파악되는 것이라고 나는 이해한다."

－『에티카』 중에서

'양태'는 '실체'가 변용^{변형}된 것이다. 세상만물은 '실체'라는 자기원인이 변용^{변형}된 양태들이다.『터미네이터』라는 영화를 보면 기괴한 액체금속 로봇이 나온다. 액체금속 로봇은 상황에 맞춰 자유자재로 모습을 바꾸며 주인공을 위협한다. 액체금속 로봇으로 '실체-양태'를 설명해보자.

어떤 모습이든 변용^{변형}할 수 있는 액체금속 자체를 '실체'라고 하자. 액체금속 로봇은 외부원인 없이 스스로의 필요에 따라 때로는 주인공의 엄마로, 때로는 경찰관으로 그 모습을 얼마든지 바꿀 수 있으니까. 반면에 액체금속^{실체}이 변한 모습들, 즉 주인공의 엄마, 경찰관, 칼로 변화된 팔 등은 '양태'라고 할 수 있다.

자연

여기서 의문이 든다. 액체금속이 실체라고 가정했지만 석연치 않은 점이 있다. 미래에서 온 그 액체금속 역시 누군가가 만든 것 아닌가? 그러니까 그것 역시 '자기원인'으로 스스로 존재하는 것이 아니라 외부원인을 통해 존재하게 된 것 아닌가? 이해를 돕기 위한 비유로 '실체=액체금속'은 적절하지만 엄밀히 말해 액체금속을 '실체'라고 말할 수는 없다. 그렇다면, 스피노자가 말한 진짜 '실체'는 무엇일까?

바로 자연이다. 자연 그 자체. '자연'에는 두 가지가 있다. 첫째는 꽃, 새, 바람, 파도처럼 겉으로 보이는 '자연'이다. 스피노자는 이것을 '소산적 자연'만들어진 자연이라고 불렀다. 둘째는 그 모든 개별의 자연물을 존재하게 하는 어떤 힘이다. 봄을 지나 여름이 되고, 가을·겨울이 되게 하는 어떤 힘, 그로써 꽃이 피고 단풍이 들고 눈을 내리게 하는 어떤 힘이 자연이다. 스피노자는 이것을 '능산적 자연'만드는 자연이라고 불렀다. 스피노자가 말한 실체는 두 번째의 자연, 즉 '자연 그 자체'로서의 자연, '소산적 자연'을 만드는 '능산적 자연'이다. 자연을 자연스럽게 하는 어떤 힘이 바로 실체다.

이제 '실체'와 '양태'의 구분이 조금 더 명료해진다. 실체가 자연을 자연스럽게 하는 힘이라면, 양태는 그 힘으로 인해 드러나는 개별의 자연물들이다. 즉, '능산적 자연'은 실체이고 '소산적 자연'은 양태이다. 실제로도 그렇다. '자연'이라는 추상을 우리는 볼 수 없다. 그저 드러난 바람, 강, 바다, 꽃과 같은 개별의 자연물들을 통해 자연을 파악할 수밖에 없지 않은가? 즉, 실체자연되게 하는 힘는 양태자연물를 통해 드러날 수밖에 없다. 스피노자의 "양태란 실체의 변용"이란 의미는 그런 것이다.

심신평행론

데카르트는 이원론자다. 세상에 '사유'와 '연장'이라는 두 가지 실체가 있다고 주장했다. 반면에 스피노자는 일원론자다. 스피노자는 세상에 실체가 단 하나밖에 없다고 생각했다. 스피노자는 세상에는 오직 하나의 실체가 있고, 세상만물 모두는 그 실체의 변용인 양태라고 보았다. 데카르트와 스피노자의 이런 세계관의 차이는 인간을 바라보는 관점에서도 큰 차이를 만들었다. 데카르트는 이원론자이기 때문에 인간 존재 역시 사유정신와 연장육체의 구분된 두 실체의 구성으로 보았다.

하지만 일원론적 세계관을 가진 스피노자는 인간을 다르게 본다. 정신과 육체는 별개의 영역에서 따로 존재하는 것이 아니라 어느 것이 먼저라고, 어느 것을 더 중요하다고 말할 수 없을 정도로 서로 긴밀하게 연결되어 있다고 보았다. 이것을 '심신평행론'이라고 한다. 실제로 그렇다. 몸과 마음은 별도로 존재하지 않는다. 몸이 아프면 우울해지고, 우울해지면 어김없이 몸도 아프다. 반대로, 몸이 강건할 때는 자신감이 넘치고, 자신감이 넘칠 때 몸도 건강한 상태를 유지하게 된다.

코나투스

이제 스피노자의 '코나투스'라는 개념에 대해 알아보자. 흔히 코나투스는 '삶의 활력'이나 '삶에 대한 의지'로 번역되곤 한다. 먼저 스피노자의 이야기를 직접 들어보자.

> "이 노력(코나투스)이 정신에만 관계되어 있을 때는 의지라고 불리지만, 그것이 정신과 신체에 동시에 관계되어 있을 때는 충동이라고 불린다. 그러므로 충동은 인간의 본질 자체일 뿐이며, 그것의 본성으로부터 필연적으로 인간의 보존에 기여하는 것들이 나온다. 따라서 인간은 그러한 것들을 행하도록 결정되어 있다."
> – 『에티카』 중에서

코나투스는 인간의 정신에서는 '의지'로 드러나고, 정신과 육체를 모두 포함하는 온전한 인간에게는 '충동'으로 드러난다. '충동'이라는 단어가 낯설다면 '욕구'로 이해하면 된다. 어려운 이야기가 아니다. 배가 고프고 목이 마를 때를 생각해보자. 그때 물과 음식에 대한 '의지'를 갖게 되고, 음식과 물을 섭취하려는 '충동'이 생기게 된다.

물과 음식에 대한 '의지'는 머리^{정신} 속에만 있는 것이고, 물과 음식에 대한 '충동'^{욕구}은 머리^{정신}뿐만 아니라 몸^{육체}까지 움직여 낸다. 이런 '의지'와 '충동'이 바로 인간의 '코나투스'다. 그래서 스피노자는 "노력^{코나투스}이 정신에만 관계되어 있을 때는 의지라고 불리지만, 그것이 정신과 신체에 동시에 관계되어 있을 때는 충동이라고 불린다"라고 말했다.

인간에게 '코나투스'는 너무나 중요하다. '코나투스'^{의지와 충동}가 없다면 자신의 존재를 지속하고 보존할 수가 없기 때문이다. 생각해보라. 온몸에 수분과 영양분이 사라져 가는데도 물과 음식에 대한 정신적 '의지'와 정신-육체적 '충동'이 없다면 어떻게 되겠는가? 자신이라는 존재를 유지하고 보존할 수 없을 테다.

우리는 '코나투스'를 통해 (물과 음식을 섭취해서) 필연적으로 자신을 보존해 나갈 수 있다. "그것^{코나투스}의 본성으로부터 필연적으로 인간의 보존에 기여하는 것들이 나온다"라는 말은 그런 의미다. 그래서 코나투스를 '삶의 활력'이나 '삶에 대한 의지'로 번역하는 것도 크게 틀렸다고 말할 수 없다. 당연한 말이지만, 스피노자는 인간의 행복이란 바로 이 '코나투스'의 증진에 달려 있다고 말했다.

스피노자는 왜 파문당했을까?

스피노자는 유대교 공동체로부터 파문당해 이름마저 바꾼 채 살았다. 스피노자는 왜 그런 고초를 겪을 수밖에 없었던 걸까? 신을 부정했기 때문이었다. 하지만 정작 스피노자는 단 한 번도 신을 부정한 적이 없다. 오히려 누구보다 신을 사랑했다.

역설적이게도 바로 그 때문에 그는 무신론자로 낙인 찍혀 추방당했다. 그 역설과 오해에 대해 알아보자.

스피노자의 '실체'를 다시 생각해보자. 세상 만물을 존재하게 하는 자연이 바로 실체다. 자연은 계절을 바꾸고, 파도를 치게 하고, 꽃이 피게 하고, 새가 지저귀게 하고, 인간을 태어나게 한다. 가만! 이것이 바로 신의 능력 아닌가! 기독교적 신, 즉 전지전능한 신이 있기에 계절을 바꾸고, 파도를 치게 하고, 꽃이 피게 하고 인간을 태어나게 하는 것 아닌가. 스피노자는 신에 빠져 신을 뒤쫓다 자연이 곧 신임을 발견했던 것이다.

스피노자는 더 나아가, 자연이 바로 신이기에 신은 어디에나 있다고 주장했다. 이것이 범신론汎神論이다. 범신론은 기묘하다. 무신론인 듯 무신론 아닌 무신론인 까닭이다. 범신론은 모든汎 것이 신神이기에 신 존재 자체를 부정하지는 않는다. 그래서 무신론이 아니라고 말할 수 있다. 하지만 모든 것이 신이기에 유일하고 초월적이고 인격적인 신을 부정한다는 측면에서 무신론이다.

이 기묘한 범신론을 당대 유대교인들은 무신론이라고 판단했다. 그런데 스피노자가 살던 시대에는 스피노자뿐만 아니라 무신론을 주장하던 이는 많았다. 그중 스피노자는 유독 가혹한 고초를 겪었다. 왜 그랬을까? 그 이유는 『에티카』를 읽어보면 알 수 있다.

범신론을 논증해가는 과정은 한 치의 빈틈도 없는 철저한 논리 구조 속에 있다. 최소한의 논리적 정합성을 따질 수 있는 사람이라면 『에티카』를 읽고 범신론을 받아들이지 않을 도리가 없다. 그런 측면에서 어찌 보면 스피노자가 추방당한 것은 역설과 오해 때문이 아니라 그의 탁월했던 철학적 사유 능력 때문이었는지도 모르겠다. 역사에 만약은 없지만, 스피노자가 조금 덜 영민해서 초월적 신을 맹신하는 이들에게 일말의 논박의 여지를 남겨 두었다면, 추방이 아니라 교화의 대상이 되지 않았을까? 영민한 것도 때로 괴로운 일이다.

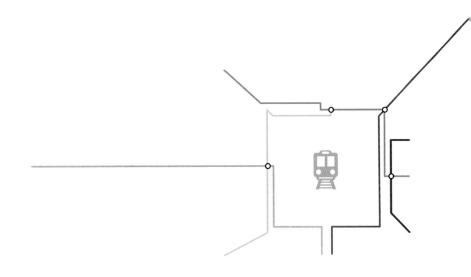

의심과 경험의 철학자

데이비드 흄

흄은 경험론을 대표하는 영국의 근대철학자다. "흄이 나를 독단의 잠에서 깨어나게 했다." 칸트의 말이다.

흄은 회의주의를 통해 칸트를 독단의 잠에서 깨웠다. '모든 것에는 원인과 결과가 있다'라는 인과론을 진리로 여기던 시절, 흄은 인과관계가 습관에 의해 귀납적으로 정립된 것에 지나지 않는다고 주장했다. '아침에 해가 뜬다'는 것은 진리처럼 보인다. 하지만 이에 대해 흄은 파격적인 주장을 한다. 어떤 진리도 결국 습관적으로 반복된 인과관계를 기초로 구성한 상상력의 발현일 뿐이라는 것이다.

　　흄의 이런 파격적 주장이 칸트를 독단의 잠에서 깨우는 계기가 되었다. 동시에 흄은 회의주의를 통해, 당대 모든 학자들이 진리로 떠받들던 사회계약론을 허구라고 논박했던 정치철학자이기도 하다.

　　저서로는 『인간 본성에 관한 논고』, 『정치적 논고』 등이 있다.

회의주의

흄을 한마디로 정의하면 '회의주의' 철학자라고 할 수 있다. 회의주의 Skepticism는 '질문'을 의미하는 그리스어 '스켑시스'σκέψις가 어원이다. 즉, 어원적 의미에서 회의주의는 지식의 확실성을 의심하고 이에 대해 질문하는 철학적 입장을 말한다. 쉽게 말해, 뭐든 끝까지 의심해서 질문을 멈추지 않는 것이다. 흄은 이 '회의주의'를 통해 근대철학을 극한까지 밀어붙였다.

회의주의는 너무 자명해서 결코 의심할 수 없다고 여겨지는 것까지 과감하게 의심하고 질문한다. '가열하면 물이 끓는다' 또는 '아침에는 해가 뜬다' 같은 결코 의심할 수도, 의심할 필요도 없는 명제들까지 의심하고 질문한다. 흄은 그 과정에서 '인과관계'라는 것에 주목했다. 인과관계는 원인과 결과의 관계다. 흄은 우리가 결코 의심하지 않는 자명한 사실들은 거의 모두 인과관계에 연루된 것이라고 주장한다.

생각해보면 정말 그렇다. '가열하면 물이 끓는다'는 사실을 왜 의심하지 않을까? 원인가열이 결과끓음로 이어지는 경험을 수없이 반복했기 때문이다. '아침에는 해가 뜬다'는 사실을 왜 의심하지 않을까? 원인아침에서 결과일출로 이어지는 반복된 경험 때문이다. 즉, 의심도 질문도 필요 없다고 믿는 명제들은 결국 반복된 인과관계로 인해 구성된 것들이다. 여기서 회의주의 철학자인 흄은 묻는다.

인과관계

'인과관계'는 정말 자명한 지식진리을 담보하는가? 쉽게 말해, 자판기에 동전을 넣으면 음료수가 나오는 경험이 반복되었다고 해서 앞으로도 계속 그럴 것이라고 누가 보증할 수 있느냐는 것이다. 대부분의 지식은 인과관계에 의존하고 있다. 하지만 이 인과관계는 근본적으로 우연적이다. (물론 그 개연성이 높은 것들이 있지만 말이다.) 이는 항상 예외가 발생할 가능성이 열려 있다는 의미다. 즉, 인과관계는 근본적으로 논증 불가능하다.

그렇다면 인과관계는 어떤 의미가 있을까? 여기에 대해 흄은 이렇게 말했다.

> "두 가지 대상이-예를 들면 뜨거움과 불꽃이, 무게와 단단함이-서로 항상 연결되는 것을 본 후에 우리는 하나의 현상이 다른 현상으로부터 등장하리라고 오직 습관적으로 기대할 뿐이다."

흄은 우리가 확실한 지식을 제공한다고 믿고 있는 인과관계라는 것이 단지 '습관'일 뿐이라고 주장했다.

'백조는 하얗다'는 건 의심도 질문도 필요 없는 법칙이요, 지식이다. 하지만 그건 1967년, 호주 대륙에서 검은 백조가 등장하기 전까지의 이야기일 뿐이다. '인과관계'에 기반한 모든 확실한 법칙·지식은 단 하나의 예외가 발생하는 순간, 모래성처럼 무너져 내리게 마련이다. 모든 확실한 법칙, 지식은 그런 가능성을 항상 내포하고 있다. 회의주의는 좁은 의미에서는 특정 분야에 대한 지식의 확실성을 거부하며, 넓은 의미에서는 '모든 지식은 불확실하기에 불가능하다'라고 본다.

합리론과 경험론

합리론과 경험론이 있다. 이 둘은 앎에 대한 태도로 구분 가능하다. 합리론은, 앎은 생각^{이성}으로 가능하다고 보는 이론이다. 즉 어떤 지식이나 법칙의 앎은 이성적, 논리적 과정을 통해 가능하다는 철학적 태도를 견지한다. 반면에 경험론은, 앎은 경험으로 가능하다고 보는 이론이다. 지식, 법칙의 앎은 생각^{이성}이 아니라 경험을 통해 가능하다는 철학적 태도를 견지한다. 흄은 '합리론'자일까? '경험론'자일까?

흄은 '경험론'자다. 하여 '합리론'적 태도를 거부한다. 생각해보면 당연하다. 흄은 인과관계를 통해 법칙과 지식을 추론하려는 것을 비판했다. 이런 추론 과정이 바로 '합리론'적 태도다. '백조는 하얗다'는 법칙·지식은 반복된 다수의 하얀 백조를 통해 합리적·이성적으로 생각해서 추론한 것 아닌가? 흄은 이런 '합리론'적 태도로 앎^{법칙, 지식}에 도달할 수 없다고 주장했다. 그렇게 도달한 앎은 단 하나의 반례 '경험'으로 순식간에 무너져 내리는 까닭이다. 흄의 이야기를 직접 들어보자.

"내일 해가 뜨리라는 것은 경험이요, 화약의 폭발과 자석의 끌어당김 그리고 사람에게 밥은 음식이지만 사자에게는 그것이 음식이 되지 않는 것을 알 수 있는 것은 오로지 경험뿐이다."

– 『인간오성론』 중에서

흄은, 앎은 오직 자신의 지각^{감각기관을 통하여 대상을 인식하는 것}을 통해서만 가능하다고 보는 '경험론'적 입장을 취한다. 흄에게는 '경험'이 중요하다. 매 순간마다 감각기관을 통해 인식하는 경험. 그가 보기에 세상 사람들이 확실한 법칙이니 지식이니 하는 것들은 모두 우연적으로 만난 원인과 결과를 머릿속으로 생각해서 추론한 것일 뿐이다.

인상, 관념

'회의주의자'인 흄은 인간의 이성으로 앎에 도달할 수 없다고 지적했다. 더 나아가 '이건 분명하고 확실한 거야!'라는 신념을 구성하는 논리학이나 과학에 대해서도 근본적 의문을 제기했다. 이로써 흄은 일대 대혼란을 야기한 셈이다. 실제로 우리네 삶을 상당 부분 지탱하는 건 논리학과 과학이 아닌가.

다이어트를 하려고 할 때 어떻게 하는가? 'A는 살이 빠진 인간이다. A는 밥을 먹지 않는다. 고로 인간인 나도 밥을 먹지 않으면 살이 빠진다.'^{논리학} 그리고 'D라는 약에 포함된 C라는 효소에 지방 분해 요소가 있다'^{과학}라는 지식에 기대어 다이어트를 하지 않는가. 이처럼 우리는 논리학과 과학이라는 객관적이고 분명하고 확실한 지식을 통해 삶을 영위하고 있다.

그런데 흄은 우리가 철석같이 믿고 있는 논리학, 과학마저도 객관적이고 확실한 법칙과 지식을 담보하지 않는다고 말한다. 논리학, 과학마저 객관적이고 분명하고 확실한 법칙이나 지식을 제공하지 못한다면 이제 사람들은 어떤 법칙과 지식을 신념으로 여기며 살아야 할까? 정말 혼란스럽지 않겠는가?

먼저 흄의 '인상'과 '관념'이라는 개념에 대해서 알아보자. '인상'은 직접적인 지각이고, '관념'은 '인상'의 조합이고 결합이다. 지금 눈앞에 보이는 산과 황금 덩어리는 '지각'된 것이다. 그 둘을 '지각'한 사람은 '황금산'을 떠올릴 수 있다. 그 황금산이 '관념'이다. 그것은 '산'과 '황금'이라는 각각의 '인상'이 조합되고 결합된 것이기 때문이다. 흄에 따르면 선천적 장님은 받아들인 '인상'이 없기에 '관념'도 없지만, 사고로 시력을 잃은 사람은 '인상'은 없지만 '관념'은 있다.

흄은 '경험론'자답게 '인상'이나 '관념'을 통해 어떤 법칙이나 지식을 형성한다고 말한다. 하지만 '인상'과 '관념'을 통해 형성된 법칙·지식은 엄밀히 말해, '법칙·지식'이라고 할 수 없다. 흔히 말하는 '법칙·지식'은 자명하고 확실한 앎을 의미하지 않던가. 하지만 '인상'과 '관념'을 통해 형성된 앎^{법칙, 지식}은 자명하고 확실한 것이 아니다. 감각기관을 통해 대상을 인식하는 '인상'은 사람마다 다를 수밖에 없다. 색맹과 색맹이 아닌 이의 떡볶이에 대한 '인상'은 분명 다르니까. 그러니 그런 주관적인 '인상'을 조합·결합한 '관념'이 불확실하다는 것은 더 말할 것도 없다.

믿음

흄은 이제 '믿음'이라는 주제로 나아간다. 인간의 앎은 '인상'과 '관념'으로 형성되지만 그 앎은 자명하고 확실한 앎은 아니다. 하여, 흄은 우리가 알고 있는 법칙이나 지식, 즉 앎은 근본적으로 '믿음'이라고 한다. 객관적이고 분명한 어떤 법칙이나 진리가 있는 것이 아니라, 그 법칙이나 진리를 객관적이며 분명하다고 '믿는다'는 것이다.

흄에 이르러 참된 지식, 법칙 대신 '믿음'이란 개념이 들어서게 된다. 흄은 참된 법칙이나 지식 없이도 우리가 살아갈 수 있는 이유가 바로 이 '믿음' 때문이라고 말한다. 흄은 믿음에 대해 이렇게 정의한다.

> "현재의 인상과 관련이 있는 혹은 그것들로 결합되어 있으며, 그것들로 연합되어 있는 살아있는 원리다."

정말 그렇지 않은가? 이성애자의 사랑에 관한 법칙·지식과 동성애자의 그것은 분명 다르다. 하지만 그들 모두 혼란스럽지 않게 각자 자신의 삶을 이어간다. 그 이유는 각자의 사랑에 대한 '믿음' 덕분이다. 흄의 말처럼, 그 믿음은 '살아있기에' 사람들에게 실제적인 효과를 갖는다. '믿음'은 견고하고 확실해서 안정감을 준다. 각자의 '믿음'이 있기에 우리는 자명하고 확실한 앎^{법칙, 지식} 없이도 안정감 있게 살 수 있다.

흄에 따르면, '믿음'은 '허구'와 다르다. 우리에게 '허구'인 것이 누군가에게는 강력한 '믿음'일 수 있다. 실제로 그렇다. 사이비 종교에 빠진 사람을 생각해보자. 우리가 가진 앎으로 판단하기에는 어리석기 짝이 없는 행동들을 그네들은 너무나 확신에 차서 하지 않던가. 그네들 나름의 믿음이 살아있기 때문이다. 그네들이 우리네 삶을 진심으로 걱정하며 안쓰럽게 바라보는 이유도 그래서다.

흄은 회의주의를 통해 경험론에 도달했고, 끝내는 믿음으로 돌아온 셈이다. 그는 회의주의를 끝까지 밀어붙여서 법칙과 지식의 불가능성을 주장했다. 그 과정에서 '믿음'에 대한 새로운 지평을 열게 되었다. 절대불변의 진리나 법칙은 존재하지 않으며 각자의 믿음이 있을 뿐이고, 인간은 그 믿음에 기대어 살아간다는 것이다. 여전히 절대불변의 법칙과 진리, 예컨대 과학이나 돈이라는 법칙과 진리를 떠받드는 이들에게 흄의 통찰은 일침을 가할지도 모르겠다.

흄이 "이성은 정념^{감정}의 노예여야만 한다"라고 말한 이유

"이성은 정념^{감정}의 노예여야만 한다." 흄이 한 말이다. 의아하다. 우리는 대체로 반대로 생각하니까 말이다. "이성적으로 판단해!" 또는 "너, 지금 너무 감정적이야"라는 말처럼, 우리는 감정을 눌러두고 이성을 먼저 내세워야 한다고 믿는다. 그것이 제대로 사는 것이라고 생각한다. "이성은 감정의 노예여야만" 하는 게 아니라, "감정은 이성의 노예여야만 한다"라는 말이 더 익숙하다. 그런데 탁월했던 철학자, 흄은 왜 감정이 앞서야 한다고 말했던 걸까?

인간은 이성적 존재가 아니라 감정적 존재에 가깝다. 인간은 '옳은 것'^{이성}을 '믿는 것'^{감정}이 아니라 '믿는 것'이 '옳은 것'이라 정당화하며 사는 존재이기에, 이성은 감정의 노예일 뿐이다. 인간은 어떤 이의 특정한 행동과 특징 때문에 그를 좋아하거나 싫어하는 이성적 존재가 아니다. 먼저 누군가를 좋아하거나 싫어하고 난 이후에 그를 좋아할 혹은 싫어할 이유를 찾는 감정적 존재다. 그게 인간이다. 흄은 인간이 이성적 존재가 아닌 지극히 감정적 존재임을 이미 간파했던 것이다.

이성이 정념^{감정}의 노예'여야만' 하는 이유도 그래서다. 착한 사람이 되고 싶다면 선, 윤리, 도덕이 무엇인지, 또 그런 행동과 실천이 무엇인지에 대한 고민을 잠시 멈추어야 한다. 이성의 작용을 멈추고 '나는 타인의 상처와 고통에 공감하고 있는가?'를 물어야 한다. 그런 감정에 집중할 때 우리는 선하며, 윤리적이며, 도덕적인 사람이 될 수 있다. 이성이 그런 감정의 노예가 될 때 제대로 된 삶이 가능하다. 사이코패스, 소시오패스는 감정이 이성의 노예가 된 경우라고 말할 수 있다.

알량한 배움이나 지식을 통한 이성적 판단에 따라 몇 천 원을 걸인의 깡통에 던져주는 것이 선한 행동인가? 아니면, 추운 겨울 덜덜 떨며 구걸하는 모습을 보고 감정이 복받쳐 터져 나오는 울음을 참으며 "왜 이렇게 사세요!"라고 걸인을 다그치는 것이 선한 행동인가? 어떤 행동이 선하며 윤리적이고 도덕적인지 우리는 이미 안다. 아무런 감정 없이 하는 행동은, 설사 세상 사람들이 칭송하는 행동이라 하더라도 선하거나 윤리적이지 않다. 반대로 애절한 감정이 있다면, 어떤 행동, 설사 모든 사람들이 나쁘다고 비난하는 행동도 선하고 윤리적이다. 이것이 흄이 "이성은 정념의 노예여야만 한다"라고 말한 이유다.

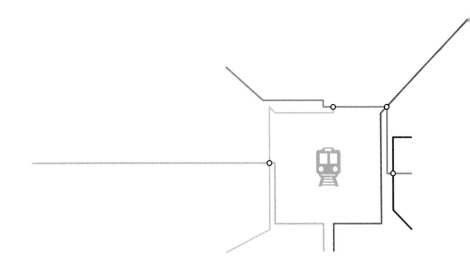

서양철학의 저수지

임마누엘 칸트

칸트는 아리스토텔레스 이후 가장 영향력 있는 철학자로 평가받는다. 칸트의 철학을 긍정하는 사람들은 긍정하는 대로, 비판하는 사람은 비판하는 대로 칸트의 자장磁場안에 있다. 그만큼 서양철학사에서 칸트의 영향력은 크다. 칸트 이전의 철학은 칸트에게로 흘러 들어가고, 칸트 이후의 철학은 칸트로부터 흘러나온다. 그래서 칸트는 명실공히 '서양철학의 저수지'다.

칸트 철학의 근원적 통찰은 이 질문을 통해 드러난다. "경험을 가능하게 하는 선험적경험 이전 조건들은 무엇인가?"

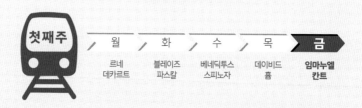

Immanuel Kant: 1724년 4월 22일~1804년 2월 12일

칸트는 주관적이고 한정적인 경험으로는 진리에 도달할 수 없다고 생각했다. 선험적^{경험 이전}이기에, 인간이라면 누구도 다르게 파악할 수 없는 조건을 통해 진리에 도달할 수 있다고 보았다. 칸트는 '공간', '시간', '범주'라는 선험적 조건들을 찾아낸다. 이러한 과정을 통해 칸트는 경험론과 합리론을 종합해내는 철학사적 업적을 달성하게 된다.

칸트의 또 다른 철학사적 업적이 있다. '참과 거짓', '아름다움과 추함', '선한 것과 악한 것'을 범주적으로 구분이 가능하게 한 것이다. 이런 철학사적 업적을 통해 칸트는 서양 근대철학사에서 가장 중요한 위상을 가진 철학자가 되었다.

주요 저서로는 칸트의 3대 비판서라고 부르는 『순수이성비판』, 『실천이성비판』, 『판단력비판』 등이 있다.

경험과 선험

칸트의 철학은 '선험'先驗이라는 개념에서부터 시작해야 한다. '선험'은 '아프리오리'ᵃ ᵖʳⁱᵒʳⁱ를 번역한 말이다. 이는 라틴어로 '처음부터', '최초의 것으로부터'라는 의미다. 낯설고 난해하다. 조금 돌아가자.

'선험'은 '경험'經驗의 반대 짝말이다. 철학적으로 '경험'은 직접 보고 만지고 냄새 맡는 등의 감각을 통해 주어지는 대상에 관한 인식이다. 빨갛고 매끈하고 달콤한 사과에 관한 인식은 '경험'을 통해서 생긴 것이다. "경험적으로 알아"라는 말처럼, 어떤 것을 아는 것은 '경험'을 통해 가능하다.

'선험'은 무엇일까? '경험 이전에 이미 주어진 인식'이라고 정의할 수 있다. 칸트는 선험적인 것을 중요하게 여겼다. 참되고 확실한 지식은 '경험'이 아니라 '선험'적으로 파악된다고 생각했기 때문이다. 낯설다. "선험적으로 안다"라는 건 '경험하기 전에 이미 안다'라는 말 아닌가? 세상에 그런 게 있을까? '사과는 맛있다', '여름은 덥다', '얼음은 차다'는 것과 같은 인식은 모두 '경험'적인 것 아닌가? 사과, 여름, 얼음을 오감을 통해 '경험'해 보았기에 그것에 대해 알 수 있는 것 아닌가? 세상에 경험하기도 전에 이미 알 수 있는 게 있을까?

'선험'은 '경험'의 반대 짝말이지만, 이 둘은 같은 층위에 있지 않다. 사과를 '경험'하면 바로 사과에 대해 알 수 있지만 '선험'은 그런 게 아니다. '선험'은 '경험'을 가능하게 하는 틀 혹은 조건이다. 선험은 다시 이렇게 정의할 수 있다.

'경험적 인식의 전제조건이 되는 공통적이고 옳은 인식'의 예를 한번 들어보자. 연필, 볼펜, 지우개가 있다. 이것들은 각각 '경험'을 통해 인식된다. 하지만 이런 개별 '경험'과 별개로 '쓰고 지울 수 있는 어떤 것'^{필기구}이라는 인식도 존재한다. 이런 '인식'이 '선험'적이라고 할 수 있다.

연필, 볼펜, 지우개는 '경험'적으로 인식된다. 하지만 '쓰고 지울 수 있는 어떤 것'이라는 인식은 다르다. 물론 연필, 볼펜, 지우개에 대한 개별적 경험을 추상화해서 '필기구'^{쓰고 지울 수 있는 어떤 것}라는 인식이 생겼다고 말할 수 있다. 그럴 때는 '필기구'라는 추상화된 개념 역시 '경험'적이다. 하지만 반대로 생각해볼 수도 있다. '쓰고 지울 수 있는 어떤 것'이라는 인식이 경험 이전에 먼저 있었을 수도 있다. 달리 말해, 연필·볼펜·지우개를 경험하지 못했다고 해서 '쓰고 지울 수 있는 어떤 것'이라는 인식 자체가 없었다고는 말하기 어렵지 않은가.

'쓰고 지울 수 있는 어떤 것'이라는 인식이 먼저 존재했기에 연필, 볼펜, 지우개를 경험하게 된 것일 수도 있다. 달리 말해, '필기구'라는 '전제조건이 되는 공통적이고 옳은 인식'이 이미 있었기에 연필, 볼펜, 지우개의 개별적 경험이 가능했을 수도 있다. 즉 연필, 볼펜, 지우개는 '경험'적으로 알 수 있지만, '필기구'는 '선험'적으로 알 수 있다.

칸트는 경험하기 전에 이미 알고 있는, 경험적 인식의 전제조건이 되는 공통되고 옳은 인식이 있다고 보았다. 그것을 '선험'ᵃ ᵖʳⁱᵒʳⁱ이라고 불렀다.

감성과 지성

칸트가 말한 선험에는 두 가지가 있다. '감성'과 관련된 선험, '지성'과 관련된 선험.

먼저 '감성'과 '지성'이 무엇인지 알아보자. '감성'Sinnlichkeit은 무엇일까? 흔히 말하는 "그 영화 감성적이네"라는 걸 생각해보자. 여기서 감성은 영화를 통해 생긴 정서적 변화를 의미한다. 즉 '감성'적이려면 먼저 영화든 음악이든 그림이든 뭔가를 보고 듣고 만져야 가능하다. 칸트의 '감성'도 이와 유사한 면이 있다. 칸트는 감성에 대해 이렇게 말했다.

> "우리가 대상에 의해서 촉발되는 방식에 따라 표상을 받아들이는 능력수용성이 감성이라고 불린다."
>
> – 『순수이성비판』 중에서

'감성'Sinnlichkeit은 어떤 대상영화, 음악에 의해서 촉발되는 내면적 변화깨달음, 기쁨, 슬픔 등등를 수용하는 능력이다. '감성'은 어떤 대상을 받아들이는 일종의 신체기관을 의미한다. 칸트에 따르면, 어떤 지식이든 어떤 대상을 보고 듣고 만지는 '감성'을 통해 받아들인 인식으로부터 시작할 수밖에 없다. 쉽게 말해, '감성'은 우리에게 필요한 데이터를 받아들이는 능력 혹은 기관을 의미한다.

'지성'Verstand은 무엇일까? "그 사람 지성적이야"라는 말을 생각해보자. 여기서 지성은 올바른 생각을 바탕으로 제대로 된 판단을 할 수 있다는 의미다. 칸트의 '지성'도 이와 유사하다. 칸트의 '지성'은 '감성'을 통해 받아들인 정보를 통해 대상을 분별해내고 대상에 대한 종합적인 판단을 하는 기관이다. 이에 대해 칸트는 이렇게 말했다.

"상상력의 종합에 대한 관계에서 통각(자기의식)의 통일은 지성이다."

'감성'을 통해 '하늘을 나는 새'와 '두 발로 걷는 인간'의 정보를 받아들일 수 있다. '지성'은 '감성'을 통해 받아들인 각각의 정보를 상상력으로 종합해 '하늘을 나는 인간'을 생각할 수 있다. 하지만 그건 '지성'적이지 못하다. 이제껏 걷기만 했던 인간에게 '하늘을 나는 인간'은 "통각자기의식의 통일"성이 없는 까닭이다.

'지성'은 '감성'을 통해 받아들인 정보를 상상력으로 종합하지만, 자기의식의 일관성이 동반되어야 한다. 그렇지 않은 것은 '지성'이라고 말할 수 없다. 쉽게 말해, '지성'은 '감성'을 통해 받아들인 정보를 분별하고 판단하는 능력 혹은 기관이다.

선험적 감성 형식: 시간, 공간

'감성'은 대상의 정보를 받아들이는 능력이다. '감성'은 대체로 경험적이다. 하지만 '감성'으로 받아들인 정보는 믿을 수 없다. 경험은 언제나 주관적이고 한정적인 까닭이다. 카페에서 차를 마시고 있는 여성이 있다고 해보자.

어떤 사람은 그녀를 '아름답다'고, 또 어떤 이는 '별로다'라고 말할 수 있다. 왜 두 사람은 그 여성의 '미'美를 다르게 인식했을까? 두 사람이 서로 다른 '경험'을 갖고 있기 때문이다.

'아름답다'고 말한 이는 그 여성과 닮은 사람과 사랑에 빠졌던 경험 때문에 그리 말했을 수 있다. '별로다'라고 하는 이는 그 여성과 닮은 사람에게 상처를 받았던 경험 때문에 그리 말했을 수 있다. 경험은 이렇듯 주관적이고 한정적이다. 그래서 온전히 믿을 수 없다. 인간의 감성으로 받아들인 경험은 그것이 무엇이든, 언제나 주관적이고 한정적이다. 그래서 감성은 같은 대상을 다르게 받아들이게 마련이다.

하지만 칸트는 인간이라면 이미 갖고 있기에, 어떤 상황에서 어떤 사람이라도 공통적으로 대상을 파악하는 감성 형식, 즉 '선험적 감성 형식'이 있다고 말한다. 그게 뭘까? 바로 '공간'과 '시간'이다. 어떤 여자가 아름다운지 혹은 별로인지에 대한 인식은 사람마다 다를 수 있다. 하지만 그 여자가 카페라는 '공간'에, 1시라는 '시간'에 존재했다는 사실만은 누구도 다르게 인식할 수 없다. 이것은 분명 '경험' 이전의 것 즉 '선험'적인 것이다.

갓 태어난 아이는 젖병이 무엇인지 인식할 수 없지만^{경험이 없기에} 지금^{시간} 여기^{공간}에 어떤 것^{젖병}이 있다는 것만은 분명하게 인식할 수 있다. 칸트는 '시간'과 '공간'을 발견했다. 정확히는 경험 이전에 이미 알고 있는 인식의 전제 조건, 즉 '선험적 감성형식'으로서의 '시간'과 '공간'을 발견했다. '시간'과 '공간'은 분명 '선험'적이다. 시간과 공간이 전제되지 않는다면, 개별적 '경험'은 애초에 가능하지 않으니까 말이다.

선험적 지성 형식: 범주

'지성'은 대상을 분별하고 판단하는 능력이다. '지성'은 분명 경험에 의존한다. 빨간 물이 있다고 해보자. 이것이 약인지, 독인지 아니면 먹는 것인지 아닌지를 분별하고 판단하는 능력은 경험에 의존한다. 직접적이든 먹어보든, 간접적이든 공부하든 경험을 통해 분별하고 판단할 수 있다. 사람마다 분별과 판단이 다른 이유도 그래서다.

사람들은 각자 저마다의 경험이 있다. 그 주관적이고 한정적인 경험으로 각자의 분별과 판단에 도달하니 '지성' 역시 제각각일 수밖에 없다.

놀랍게도, 칸트는 경험하지 않아도 경험 이전에 분별하고 판단 내릴 수 있는 '선험적 지성형식'이 존재한다고 말했다. 이건 두 가지 측면에서 정말 놀라운 이야기다.

첫째, 칸트는 '선험적 지성 형식'을 통해 어떠한 경험 없이도 분별하고 판단 내릴 수 있는 능력 지성이 인간에게 있다고 말한다. 이는 갓 태어난 아이도 분별하고 판단을 할 수 있다는 의미 아닌가! 둘째, '선험적 지성 형식'은 주관적이고 한정적인 경험에 의존하지 않기에 오히려 언제나 참된 분별과 판단에 도달할 수 있다고 말한다. 이는 인간이 어떤 문제에 대해서 참된 판단을 내릴 수 있는 전능한 존재와 같다는 의미 아닌가! 그럼 이 놀라운 '선험적 지성 형식'은 무엇일까?

바로 '범주'다. '크다-작다', '하나-다수' 등과 같은 '범주'는 선험적으로 경험 이전에 존재한다. 예를 들어보자. '트럭은 자전거보다 크다'라는 지성의 분별·판단은 분명 경험적이다. 그래서 장난감 트럭만 경험해온 아이는 '자전거가 트럭보다 크다'라는 그릇된 분별과 판단을 할 수도 있다.

하지만 여기서 중요한 것은, 아이의 그릇된 분별·판단도 '크다-작다'라는 범주를 이미 알고 있어야 가능하다는 사실이다. 이 '범주'는 분명 선험적이다.

(경험이 없는) 갓난아기는 트럭이 큰지 자전거가 큰지는 알 수 없지만 '크다-작다'라는 범주는 이미 갖고 있다. 마찬가지로 '트럭이 한 대냐, 네 대냐'라는 판단은 경험적이지만, '하나-다수'라는 '범주'는 경험 이전에 존재한다.

칸트는 '선험적 지성 형식'인 '범주'를 통해 어떤 법칙을 인식하고 사물에 대한 분별과 판단을 할 수 있다고 생각했다. 칸트에 따르면, '선험적 지성 형식' 때문에 인간은 공통된 판단, 분별에 도달할 수 있으며, 그래서 참되고 확실한 지식에 도달할 수 있게 된다. 인간의 주관적이고 한정적인 경험에 근거해서는 진리에 도달할 수 없지만, 선험적인 지성·감성 형식을 기초로 하면 진리에 도달할 수 있다는 것이 칸트의 주장이다.

칸트는 어떻게 경험론과 합리론을 종합했을까?

"감성이 없으면 대상은 주어지지 않을 것이다. 지성이 없으면 대상은 절대로 생각되지 않을 것이다. 지성 없는 감성은 맹목적이고, 감성 없는 지성은 공허하다."
- 『순수이성비판』 중에서

'서양철학의 저수지'는 저 유명한 말로 시작되었다고 볼 수 있다. 칸트는 흄으로 대변되는 '경험론'참된 지식은 오직 경험에서만 가능하다는 이론과 라이프니츠로 대변되는 '합리론'참된 지식은 이성, 논리에 의해 가능하다는 이론을 종합해냈다. 칸트는 어떻게 경험론과 합리론을 종합했을까?

'감성'은 경험론에 관계되어 있다. '감성'은 어떤 대상에 의해서 촉발되는 내면적 변화를 수용하는 능력이다. 즉, 어떤 대상을 '경험'해야 '감성'이 작동하게 된다. 이에 대해 칸트는 "감성이 없으면 대상은 주어지지 않을" 것이라고 말하면서 경험론을 긍정한다. 또한 그는 합리론 역시 받아들인다.

'지성'은 합리론과 관계돼 있다. '지성'은 대상을 분별하고 판단하는 능력이니까. 칸트는 "지성이 없으면 대상은 절대로 생각되지 않을" 것이라고 말하면서 합리론마저도 긍정한다. 칸트는 대척점에 있던, 그래서 끝없는 논쟁을 이어가던 경험론과 합리론을 모두 받아들였다. 이렇게 칸트는 경험론과 합리론을 화해시켜 종합해낸다.

칸트는 대상을 제대로 파악^{인식}하기 위해서는 '감성'과 '지성'이 모두 필요하다고 보았다. 생각해보면 정말 그렇다. "지성이 없는 감성은 맹목적"일 수밖에 없지 않은가? 데이터를 받아들이기만^{감성} 하고 그것을 분별하고 판단^{지성}할 수 없다면 얼마나 맹목적인가. '지성' 없이 '감성'만 있는 과학자는 얼마나 맹목적인가. '감성'을 통해 받아들인 수많은 데이터로 핵폭탄을 만드는 것은 얼마나 맹목적인가. 그 과학자의 맹목적성은 '지성'의 결핍에서 기인했다.

"감성 없는 지성은 공허하다"라는 말도 이해할 수 있다. 분별하고 판단 내릴 수 있는 '지성'만으로는 아무 의미가 없다. '감성'을 통해 받아들인 데이터가 아무것도 없다면 지성을 통해 하는 분별, 판단은 얼마나 공허한가. '감성' 없이 '지성'만 있는 기자들은 얼마나 공허한가. 분별하고 판단하는 지성만으로 기사를 쓰는 기자는 얼마나 공허한가. 현장에서 실제로 일어나는 일들을 그들의 '감성'을 통해 받아들이지 않은 채 분별하고 판단하려고만 하는 기사들은 공허하기 짝이 없다. 그 기자의 공허함은 '감성'의 결핍에서 기인했다.

그렇다. "지성 없는 감성은 맹목적이고, 감성 없는 지성은 공허하다." 정보를 받아들이는 '감성'과 그 정보를 분별, 판단하는 '지성'이 결합해야만 제대로 된 앎에 도달할 수 있다.

이 통찰로, 칸트는 경험론^{감성}과 합리론^{지성}을 화해시키고 종합했다. 칸트는 그렇게 '서양철학의 저수지'가 되었다.

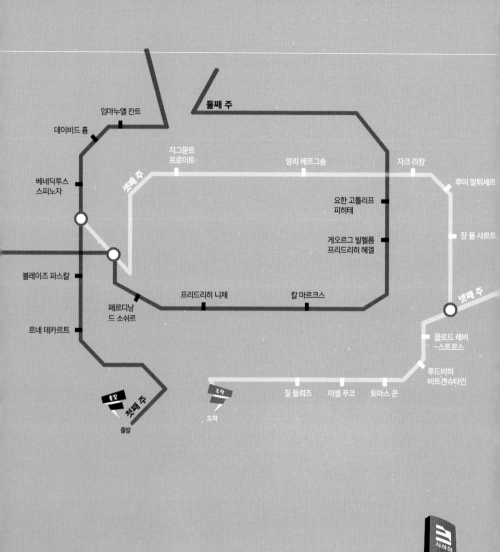

임마누엘 칸트

데이비드 흄

둘째 주

베네딕투스
스피노자

지그문트
프로이트

앙리 베르그송

자크 라캉

셋째 주

루이 알튀세르

요한 고틀리프
피히테

게오르그 빌헬름
프리드리히 헤겔

장 폴 사르트

블레이즈 파스칼

프리드리히 니체

칼 마르크스

페르디낭
드 소쉬르

넷째 주

르네 데카르트

클로드 레비
-스트로스

루드비히
비트겐슈타인

출발

첫째 주

도착

질 들뢰즈

마셸 푸코

토마스 쿤

출발

도착

지하철

SUBWAY

❶
출입구

둘째 주 여행

- - - - - - - - - - - - - - - - - -

월 / 요한 고틀리프 피히테

화 / 게오르그 빌헬름 프리드리히 헤겔

수 / 칼 마르크스

목 / 프리드리히 니체

금 / 페르디낭 드 소쉬르

요한 고틀리프 피히테

피히테는 독일 관념론을 이야기하면서 빼놓을 수 없는 철학자다. 칸트로부터 시작된 독일 관념론은 피히테에 이르러 새로운 방향으로 나아간다.

피히테 관념론은 독특하다. '외부 대상의 같음'을 인간 '내부 자기의식의 같음'에서 찾으려 했다는 측면에서 그렇다.

사과라는 외부 대상이 있다고 해보자. 어제 먹은 사과와 오늘 먹은 사과는 동일한 사과일까? 피히테는 어제의 사과와 오늘의 사과가 정말 동일한 것인지에 대해 철학적 기초를 세우려 했다.

Johann Gottlieb Fichte: 1762년 5월 19일~1814년 1월 27일

피히테는 그 철학적 기초를 '기억'이라는 인간 내부의 자기 의식의 같음에서 찾았다. 쉽게 말해, 어제 먹은 사과와 오늘 먹은 사과가 같은 것임을 알기 위해서는 어제 먹은 사과를 '기억'하고 있어야 한다는 것이다. 더 나아가 피히테는 '기억'이라는 관념이 외부 대상을 있게 한다고 주장함으로써 새로운 관념론의 틀을 마련했다. 이후 칸트로부터 시작된 피히테의 관념론은 헤겔의 관념론으로 이어지게 된다.

주요 저서로는 『전체지식론의 기초』, 『독일 국민에게 고함』 등이 있다.

관념론, 실재론, 유물론

피히테는 대표적인 관념론자다. 관념론^{idealism}은 무엇일까? "그 말은 너무 관념적인 거 아니야?"라는 이야기는 어떤 의미일까? 현실과 동떨어진 이상적^{ideal}이라는 의미다. 다시 말해 우리는 이미 관념론에 대해서 어느 정도 알고 있는 셈이다.

관념론은 '관념'^{정신·의식}적인 것을 '실재'적 또는 '물질'적인 것보다 우선으로 보는 입장이다. 이에 반해, 실재론^{realism}은 관념보다 사물을 우선으로 본다. 유물론^{materialism} 역시 물질이 1차적이며 정신·의식^{관념}은 2차적이라고 보는 입장이다. 그래서 관념론은 실재론과 유물론과 대립된다.

하나의 예로 관념론, 실재론, 유물론을 설명해보자. 식탁에 사과 하나가 놓여 있다. 이때 두 가지 사과가 존재한다. 식탁 위에 있는 사과^{실재, 물질}와 머릿속에 떠올린 사과^{관념}. 실재론자는 머릿속에 떠올린 사과보다 식탁 위에 있는 실재 사과가 먼저라고 한다. 유물론자 역시 마찬가지다. 사과라는 물질이 1차적으로 존재하기에 2차적으로 정신·의식이 그것을 생각할 수 있다는 것이다. 관념론은 그 반대다. 머릿속에 떠올린 사과가 먼저고 식탁 위의 사과는 나중이라는 것이다. 달리 말해, 사과라는 관념이 있기에 실재와 물질로서의 사과가 존재할 수 있다는 것이다. 생경하게 들릴 뿐만 아니라 황당하기까지 하다. 그것은 우리가 대체로 실재론자이거나 유물론자이기 때문이다. 우리는 실재와 물질이 있기에 관념이 생긴다고 믿는다. 하지만 실재론과 유물론 역시 하나의 세계관일 뿐 항상 옳은 진리는 아니다.

'설계'design라는 개념을 생각해보자. 실재적, 물질적인 자동차를 보았기 때문에 자동차라는 관념을 떠올릴 수 있는 걸까? 아니다. 우리가 보고 만지는 실재적, 물질적 자동차의 근본적 기원은 관념이다. 실재적 물질적 자동차는 모두 '설계'로부터 시작된다. 설계가 무엇인가? 그것은 누군가의 머릿속에서만 존재했던 관념에 다름 아니다. 누군가 관념정신·의식으로서 '설계'를 했기 때문에 실재와 물질로서 존재하게 된다. 이때 관념이 물질보다 우선이 되고, 정신과 의식이 1차적이고 물질이 2차적이 된다. 이렇듯 피히테는 물질과 실재보다 관념이 우선이라고 보는 관념론의 철학자다.

자아

피히테의 관념론을 구체적으로 파악하기 위해서는 '자아'와 '비아'라는 개념을 알아보자. 자아自我는 '나我 스스로自'다. 쉽게 말해, 자아는 '나'다. "자아를 찾는 것이 중요해"라는 말은 '나'를 찾는 것이 중요하다는 의미다. 피히테는 '자아', 즉 '나'를 어떻게 정의했을까?

"그것(자아)은 우리의 경험적 의식상태 속에서 나타나지 않고, 나타날 수도 없는, 아니 그보다는 차라리 모든 의식들의 기초에 놓여 있어서 그것들을 가능하게 하는 활동을 표현하는 데 있다."
– 『전체지식론의 기초』 중에서

의아하다. 피히테는 지금 '나'^{자아} 자신을 의식할 수 없다고 말하고 있는 게 아닌가? 그럼 내가 의식하고 있는 이름과 학교, 직장은 무엇이란 말인가? 이 의아함에 피히테는, '자아'는 의식들을 기초 짓고 있기에 의식 자체를 가능하게 하는 활동이라고 정의했다. 즉, '자아'라는 것은 나의 이름, 학교, 직장 같은 개별적인 의식이 아니라, 그 의식 자체를 가능하게 해주는 활동이라는 의미다.

피히테에게 '자아'^{나}는 직접 경험되지 않고 인식되지도 않지만, 주체^{나}와 대상을 연관 지어 통일시키는 활동이다. 그게 '자아'^{나}다. 예를 들어보자. '나'는 누구인가? 이 질문에 대한 답은 수시로 바뀔 수밖에 없다. '밥'^{대상}을 보면 먹는 '나'^{주체}로, '책'^{대상}을 보면 읽는 '나'^{주체}로, '그림'^{대상}을 보면 보는 '나'^{주체}로 인식하게 된다. 그 변화하는 '나'는 '자아'가 아니다. '자아'는 '나'^{주체}와 '밥·책·그림'^{대상}을 연관 지어 통일시키는 활동, 그 자체이다.

피히테에 따르면, 이 '자아'가 모든 것의 출발점이자 모든 것의 기초다. 왜 안 그럴까? '자아'가 없다면, 밥을 보고 읽으려고 하고, 책을 보고 먹으려고 하고, 그림을 보고 들으려고 할 테니까 말이다. '자아'가 있기에 '나'라는 인식이 가능하다. 반대로 '자아'가 없다면 '나'라는 존재 자체를 규정할 수 없게 된다. '자아'라는 모든 것의 기초가 없다면 아무것도 시작할 수 없다.

비아

이제 '비아'가 무엇인지 알 수 있다. 비아^{非我}는 말 그대로 '나'^{我}가 아닌^{非} 것들이다. 밥, 책, 그림처럼 실재^{물질}적인 것이 '비아'다. 세상에 존재하는 사물 일반을 비아라고 말할 수 있다. 앞서 말한 '대상'이 바로 비아다. 피히테는 자아와 비아의 관계에 대해 이렇게 말했다.

"자아는 비아를 반정립한다. 나아가 자아는 비아를 자기 안에 반정립한다."

얼핏 난해한 이야기 같지만 그렇지 않다. '자아가 비아를 반정립'한다는 말은, 자아가 있기 때문에 반대로 비아가 세워진다는 의미다. 당연하다. 피히테에게 모든 것의 출발점이자 기초는 '자아'이기 때문이다. 밥, 책, 그림이 정립되는 이유는 자아 ^{주체와 대상을 연관 지어 통일시키는 활동} 때문이다. '먹는 나', '읽는 나', '보는 나'인 '자아'가 있기 때문에 밥, 책, 그림이라는 비아들이 세워지는 것이다. 정확히는 그런 비아들은 자아 안에서 정립되는 것이다. "대상이 자아 안에 이미 놓여있다"라는 피히테의 말은 그런 의미다.

자아는 관념이다. '주체와 대상을 연관 지어 통일시키는 활동'은 실재적인 것도 물질적인 것도 아니다. 하지만 세상의 모든 비아들, 즉 실재적이고 물질적인 것들은 모두 자아 때문에 정립되는 것들이다. 자아가 없어서 어떤 것을 읽는 것으로, 먹는 것으로, 보는 것으로 정립할 수 없다면 '그 어떤 것'들을 책, 밥, 그림이라고 할 수 있을까? 자아라는 관념이 없다면, 비아는 존재할 수조차 없다. '자아'라는 관념이 '비아'라는 실재, 물질보다 우선한다고 보는 관념론이 바로 피히테의 관념론이다.

피히테에게 "나는 누구일까?"라고 묻는다면?

피히테는 '자아'라는 주제에 대해 누구보다 깊이 고민했던 철학자다. 그런 그에게 좀처럼 풀리지 않는 질문을 해보자.

"나는 누구일까?"

이 질문에 피히테라면 어떤 답을 해줄까? 피히테의 이야기를 직접 들어보자.

"명제 'A는 A다'(A=A)는 누구나 인정하는 것이며, 그것도 그에 대해 최소한의 의심도 갖지 않고 인정하는 것이다. …… '나' 안에 항상 같으며 항상 하나이고 동일한 어떤 것이 있다는 것이 정립된다. 이 단적으로 정립된 필연적 연관은 다음과 같이 하나로 표현될 수 있다. 나=나. 나는 나다."

– 『전체지식론의 기초』 중에서

'나는 누구일까?'라는 질문에 피히테는 "나는 나다"라고 답한다. 아리송한, 아니 하나 마나 한 소리처럼 들리는 이 이야기는 어떤 의미일까?

피히테가 말한 'A'를 '책'이라고 해보자. 이제 'A는 A다'는 "책은 책이다"란 말이 된다. 이것은 누구나 인정하는 것이다. 책을 보고 책이라고 인정하지 않을 수 없으니까. 여기서 질문. 이것이 어떻게 가능할까? 즉, "책은 책이다"라는 명제를 누구나 인정할 수밖에 없는 이유가 무엇일까? 즉, '책=책'이라는 도식이 가능한 이유가 무엇일까?

'기억' 때문이다. '하얀 종이에 검은색 활자가 새겨진 두꺼운 어떤 것'을 책으로 경험했던 기억. 그 기억 때문에 'A^{책}=A^{책}'일 수 있다. '책=책'이라는 판단은 '나=나'라는 사실이 전제되어야 가능하다. 과거에 책을 읽었던 기억을 '나'가 갖고 있기에 지금 책을 보고 그것을 책이라고 판단하게 되는 것이다. '책^{과거}=책^{현재}'라는 의식은 '나^{과거}=나^{현재}'에서 온다. 일관되고 통일된 자아를 가질 수 있는 이유는 바로 이 기억 때문이다.

과거의 '나'와 현재의 '나'로 이어주는 '기억' 때문에 내가 '나'일 수 있다. 기억상실증이나 치매에 걸린 사람은 '나'가 없다. 적어도 일관되고 통일된 자아로서의 '나'는 없다. 과거의 '나'와 현재의 '나'를 이어줄 '기억'이 없기 때문이다. 즉, 자아^{자기의식}는 기억에서 온다. 이제 '나는 누구일까?'에 대해 명쾌하게 답할 수 있다.

자아는 기억이기에, '나'는 내가 갖고 있는 기억의 총합이다. 그게 바로 자아고 '나'다. 자신과 평생을 살았지만 '나'를 잘 모르겠다고 말하는 사람이 그리도 많은 이유를 알겠다. 많은 이들은 기억을 왜곡하고 날조하며 또 어떤 기억은 애써 잊으려고 하기 때문이다. 자신을 보호하기 위해 했던 일상적 기억의 왜곡, 날조, 은폐 때문에 우리는 자신이 누구인지 모르게 되었던 것은 아닐까? 자신의 '기억'을 믿지 못하게 되었기에 언제나 흔들리고 불안한 '자아'를 갖게 된 것일지도 모르겠다.

게오르그 빌헬름 프리드리히 헤겔

헤겔은 독일의 관념론을 집대성했다고 평가받는 철학자다. 헤겔 이전의 관념론은 개개인과 그 개인의 자기의식에 방점을 두고 있었다. 하지만 헤겔에 따르면 자기의식은 개개인의 것이 아닌 그것을 넘어서는 '세계정신'으로 '신'神격화된다. 이 세계정신이 때로 '절대정신'으로 불리는 것도 그래서다. '신'은 절대적이니까. 헤겔은 세계정신과 더불어 변증법을 개념화했다. 정신이 대상을 만들고, 만들어진 대상이 다시 더 진보된 정신을 불러일으킨다고 본 것이다.

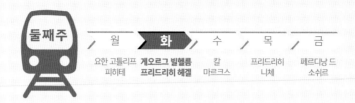
Georg Wilhelm Friedrich Hegel: 1770년 8월 27일~1831년 11월 14일

헤겔은 역사의 진보를 세계정신과 변증법을 통해 설명한다. 역사는 변증법적으로 발전·진보하지만 그 역사를 밀고 가는 힘은 인간 개개인의 노력이 아니라 절대적인 세계정신이라고 주장했다. 역사의 발전과 진보를 구체적으로 만들어냈던 개인들은 그저 세계정신의 매개물일 뿐이라고 여겼다.

헤겔의 세계정신과 변증법, 이 두 가지 개념은 후대에 극단적인 두 가지 모습으로 드러난다. 개인의 단독성을 폄훼하는 세계정신은 인간 소외를 불러일으키며 독재를 정당화한 측면이 있다. 하지만 동시에 변증법은 누구보다 소외된 인간을 사랑했던 마르크스의 철학을 세우는 데 상당한 영향을 미쳤다.

주요 저서로는 『정신현상학』, 『법철학 강요』 등이 있다.

변증법

헤겔의 대표개념은 '변증법'이다. 어디선가 한번쯤 들어봤을 이 변증법은 흔히 '정正 → 반反 → 합合'으로 기억된다. 쉽게 말해, '흰 것'정이 있고 '검은 것'반이 있을 때, 둘이 합해지면 '회색'합이 된다는 식으로 변증법을 이해하고 있다. 이런 식의 이해를 완전히 틀렸다고는 말할 수 없지만, 그렇다고 정확히 이해하고 있다고 말할 수도 없다. 헤겔의 변증법은 정확히 어떤 것일까?

원시인이 한 명 있다. 사냥을 하거나 물을 길러 갈 때 늘 걸어다니던 그가 머릿속으로 '편하게 타고 다닐 수 있는 어떤 것'을 생각했다. 그 생각을 통해 '바퀴 달린 수레'를 만들었다. 시간이 지나 누군가가 그 수레를 보고, '조금 더 빨리 달릴 수 있는 수레'를 생각했다. 그리고 그 생각을 '마차'로 현실화했다. 마차를 보고 누군가 '쉬지 않고 달릴 수 있는 마차'를 생각했고, 그 생각은 '증기기관차'로 현실화되었다. 동일한 과정을 통해 누군가가 자동차, 비행기 등을 구상하고 그것을 현실화했다.

이 과정을 통해 헤겔의 변증법을 조금 더 정확하게 이해할 수 있다. 헤겔의 변증법은 '정신 → 대상 → 정신'의 반복으로 설명할 수 있다. 바퀴에서 비행기까지 변화하는 과정을 다시 생각해보자. 처음 원시인은 '정신'으로 원시형태의 이동수단을 구상하고, 그것을 '대상'인 '수레바퀴'로 현실화했다. 그 현실화된 '수레바퀴'를 경험하면서 더 빠른 이동수단이라는 새로운 '정신'이 만들어졌다. 그 '정신'은 다시 마차라는 '대상'으로 현실화됐다. 그리고 동일한 반복을 통해 현실화된 마차를 경험하면서 더 빠르고 편리하고 안락한 이동수단이라는 '정신'이 형성되고, 그 정신이 증기기관차, 자동차, 비행기라는 '대상'으로 현실화된 것이다. 이 과정을 도식화하면 이렇다.

정신(바퀴의 구상) → 대상(바퀴) → 정신(마차의 구상) → 대상(마차) → 정신(증기기관차 구상) → 대상(증기기관차)

즉, '정'^{정신}이 '반'^{대상}을 만들어내고, 그 '반'^{대상}이 다시 더 발전된 '정'^{정신}을 불러일으키는 운동이 반복된다. 달리 말하자면, 생각^{정신}했던 것이 현실^{대상}화되고, 그 현실^{대상}화된 것이 다시 그 현실^{대상}적인 것을 극복할 새로운 생각^{정신}을 불러내게 된다는 것이다. 이것이 바로 헤겔의 변증법이다. 어떤 '정신'이 '대상'을 만들고, 그 '대상'이 다시 조금 더 진보된 단계의 '정신'을 만드는 원환 운동이 바로 변증법이다. 그래서 헤겔의 변증법은 '정신'과 '대상'의 변증법이라고 말할 수 있다.

"이성적인 것은 현실적인 것이며 현실적인 것은 이성적이다."
– 『법철학 강요』 중에서

변증법을 제대로 파악한 우리는 이제 헤겔의 이 난해한 이야기를 이해할 수 있다. 머릿속^{정신}으로 생각했던 것은 현실화되며, 그렇게 현실화된 것은 현실화된 그것을 넘어설 수 있는 좀 더 진보된 생각^{정신}을 만든다는 의미다. 이것이 헤겔이 '역사'를 바라보는 근본적 관점이다. 즉, 헤겔은 '역사'가 변증법적으로 발전·진보한다고 보았다. 우리는 헤겔의 이야기에 어느 정도 동의한다. 이동 수단의 '역사'가 그렇지 않은가? 바퀴부터 시작해서 비행기까지, 이동 수단의 역사는 변증법적으로 발전·진보했으니까.

세계정신

여기서 질문. "역사가 발전·진보했다면, 어떻게 그것이 가능했을까?" 이 질문에서 우리와 헤겔의 생각이 갈라진다. 우리는 바퀴, 마차, 증기기관차, 자동차, 비행기를 만든 개인들의 능력과 노력 때문이라고 답할 테다. 하지만 헤겔은 이 질문에 전혀 다른 답을 내놓는다. 역사의 발전·진보는 '세계정신' 때문에 가능하다는 것이다. 헤겔 철학을 이해하는데, 변증법과 더불어 '세계정신'이란 개념은 결코 우회할 수 없다. 역사는 발전하고 진보하지만 그것을 가능케 하는 것이 바로 어느 한 개인이 아닌 '세계정신'이기 때문이다.

그렇다면 '세계정신'은 무엇일까? 잠시 '변증법'으로 돌아가자. 헤겔은 역사를 변증법적으로 본다. 어떤 정신이 있으면 그것이 대상화되고, 다시 그 대상이 더 진보된 차원의 정신을 만들어내는 방식으로 역사가 발전한다는 것이다. 여기서 중요한 것은 헤겔이 말한 '정신'이다. 여기서 '정신'은 어느 한 개인의 정신을 의미하지 않는다. 헤겔의 정신은 개인의 차원을 뛰어넘는 거대한 '세계정신'이다. 헤겔은 기본적으로 이전 시대를 비판적으로 사유하고 그것을 넘어서는 시대를 현실화하는 과정이 개인의 정신적 능력으로 불가능하다고 보았다. 헤겔의 이야기를 직접 들어보자.

"철학적 역사가 말하는 개인이란 세계정신이다. 철학이 역사를 다룰 때 대상으로서 제시하는 것은 구체적 형태로 그리고 필연적 진화를 통해 포착되는 구체적인 대상이다. 철학이 다루는 최초의 사실은 인민의 운명, 에너지, 열정이 아니며, 나아가 사건들의 무정형적인 웅성거림도 아니다. 철학이 다루는 최초의 사실은 사건들의 정신 자체, 그 사건들을 생산해낸 정신이다."

– 『역사철학 강의』 중에서

이동수단의 '역사'를 생각해보자. 헤겔에게 역사는 어느 한 개인의 정신으로 발전·진보하는 것이 아니다. 어떤 거대한 사유의 힘세계정신이 개인의 정신을 매개로 작동했기 때문에 바퀴, 마차, 증기기관차, 자동차, 비행기라는 이동수단의 역사가 발전·진보한 것이다. 헤겔에 따르면, 세계를 발전시키고 완전한 것으로 만드는 것은 세계정신이다. 그리고 이것은 개개인의 정신을 뛰어넘는다. 더 정확히 말해, 개개인의 정신은 세계정신이 드러나는 하나의 매개체다. 보이지 않는 세계정신은 개인의 정신으로 드러나는 셈이다.

헤겔은 동시대 인물인 나폴레옹을 보고 "살아있는 세계정신을 보았노라"라고 말한 적이 있다. 이는 '세계정신'이란 거대한 힘이 '나폴레옹'이란 개인을 매개해서 등장한 것이라고 보았기 때문이다. 헤겔은 이 '세계정신'을 통해 세계가 변증법적으로 스스로 자신의 모습을 드러낸다고 보았다. 헤겔의 변증법과 세계정신은 그렇게 연결되어 있다.

헤겔이 "프로이센 국가 만세!"라고 외쳤던 이유

"칼로 흥한 자, 칼로 망한다"라는 말처럼, 변증법으로 흥한 헤겔은 변증법으로 망할 위기에 처했다. 헤겔의 변증법은 그 자체로 이미 심각한 모순을 안고 있다. 그 모순은 무엇일까? 헤겔의 주장이 옳다면, 역사는 끊임없이 변증법적으로 발전·진보한다. 만약 그렇다면, 헤겔 자신의 철학^{변증법} 역시 언젠가는 수레나 마차, 증기기관차처럼 낡은 구식으로 전락할 수밖에 없는 것 아닌가!

역설적이게도 '변증법'적 사유 방식은 변증법 그 자체도 위협하게 한다. 헤겔의 철학을 따라가다 보면, 그 자신의 철학도 언젠가는 필연적으로 낡은 이론이 될 수밖에 없다. 역사는 '변증법'적으로 계속 진보해 나갈 테니까. 헤겔은 자신이 정립한 철학으로 자신의 철학을 부정해야 하는 상황에 직면한 셈이다. 헤겔은 어떻게 이 모순을 극복하려 했을까?

놀랍게도, 헤겔은 역사의 종말을 선언했다. 헤겔은 역사의 발전·진보를 막는 방법으로 그 모순을 해결하려 했다. 역사를 막을 수 있다면, 헤겔 자신의 철학은 구식이 되지 않는 것 아닌가. 문제는 방법이었다. 즉, '세계정신'이라는 거대한 사유의 힘이 끌고 가는 역사를 어떻게 막을 것인가?

헤겔은 과감하게 역사를 종결^{완성}시켜서 역사를 막으려 했다. 헤겔에 따르면, 세계정신에 의해 역사는 발전하지만 그 역사에는 종착지가 있다. 바로 그 역사의 종착지가 헤겔 자신이 살던 시대였다.

헤겔의 변증법이 목적론적인 이유도 그래서다. 헤겔에게 역사는 아무런 목적 없이, 우연히, 우발적으로 흘러가는 것이 아니다. 헤겔의 역사는 이미 정해진 목적지를 향해 가고 있다. 그 목적이 이뤄지면, 그 목적지에 도착하면 역사는 완성된다고 본다. "프로이센 국가 만세!"라는 헤겔의 외침은 그런 의미였다. 세계정신이 목적한 세계의 완성이 바로 자신이 살던 시대의 국가라는 의미였다.

이제 헤겔 자신의 철학이 역사의 뒤안길로 사라질 염려는 없다. 역사는 변증법적으로 진보와 발전을 거듭하지만 그 최종 목적지에 바로 자신의 철학이 있는 것이니까. 헤겔은 그렇게 역사의 종말을 고했다.

과유불급은 이럴 때 쓰라고 만든 말이다. 헤겔의 탁월했던 철학적 사유 능력이 과도해져서 지금까지도 계속되고 있는 역사마저도 종결^{완성}시켜버렸으니 말이다.

자본주의를 엑스레이로 찍은 철학자

칼 마르크스

마르크스는 기본적으로 헤겔의 철학에서 출발했다. '역사는 변증법적으로 진행된다'라는 헤겔의 사유에 큰 영향을 받았다. 하지만 헤겔의 관념론, 즉 신적인 위치의 세계정신과 그 세계정신이 구현되는 목적론적 역사의식^{역사는 정해진 목적을 향해 흘러간다는 의식}에 대해 비판했다. 마르크스는 이를 통해 헤겔 너머의 변증법인 '변증법적 유물론'^{역사유물론}을 주장했다.

마르크스는 '변증법적 유물론'^{역사유물론}을 통해 물질적 삶의 조건 변화가 역사에 결정적으로 작용한다는 사실을 밝혔다. 주목해야 할 점은, 마르크스는 한 사회의 경제적인 힘이 다른 모든 분야의 변화를 발생시켜 역사가 진행된다고 주장한 점이다.

『자본론』은 이런 그의 사상에서 출발한 저서다. 『자본론』은 쉽게 말해, 자본주의라는 경제체제를 엑스레이로 정밀 촬영한 저서다. 자본주의는 우리 눈에 가시적으로 드러나지 않는다. 눈으로 볼 수 없는 몸속의 변화를 파

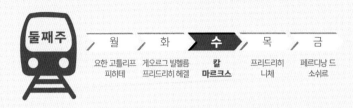

Karl Heinrich Marx: 1818년 5월 5일~1883년 3월 14일

악하기 위해 엑스레이를 찍어서 관찰하듯, 마르크스는 『자본론』으로 눈에 보이지 않는 자본의 논리를 해명하려고 했다. 이를 통해 자본주의가 인간을 어떻게 자본의 노예로 전락시키는지를 가시적으로 드러내려고 했다.

마르크스에게 애정을 갖고 『자본론』을 찬찬히 읽고 나면, 노동자인 우리가 얼마나 부조리하고 부당하게 착취당해 왔는지 더는 외면하고 은폐하는 것이 불가능하다. 자본주의의 민낯을 드러낸 것이 마르크스가 우리에게 준 선물이다.

주요 저서로는 『공산당선언』, 『자본론』, 『독일 이데올로기』 등이 있다.

기계론적 유물론

마르크스는 유물론자다. '물질을 근본적인 실재'라고 본다. 당연히 '마음이나 정신 같은 관념을 실재'라고 보는 관념론을 비판했다. 하지만 마르크스는 유물론 역시 비판했다. 역설적이게도, 유물론자가 유물론을 비판했던 셈이다. 우리는 여기서 두 가지 유물론이 있다는 사실을 짐작할 수 있다. 전통적인 유물론과 마르크스의 유물론. 마르크스의 유물론을 이해하기 위해서는 먼저 마르크스가 비판한 전통적인 유물론이 무엇인지 알아볼 필요가 있다.

마르크스 이전의 전통적인 유물론은 흔히 '기계론적 유물론'이라고 한다. '기계론적 유물론'은 무엇일까? 'you are what you eat.'네가 먹은 것이 바로 너다. 이 슬로건이 기계론적 유물론을 상징적으로 드러낸다. 쉽게 말해, 인간은 자기가 먹은 것물질과 다르지 않다는 식이다. 채소와 쌀을 많이 먹은 사람은 그 물질이 바로 그 인간이고, 고기와 빵을 먹은 사람은 그 물질이 바로 그 인간이라는 것이다.

예를 하나 더 들자. 유럽에는 과거 성城을 조금 보수해서 호텔로 사용하는 경우가 있다. 여기서 질문. 기계론적 유물론자들에게 이 둘성과 호텔은 같은 대상일까, 다른 대상일까? 같은 대상이다. 왜? 미세한 보수로 인해 물질적으로 조금 달라지긴 했지만, 둘을 이루는 물질적 면은 거의 유사하기 때문이다. 이것이 기계론적 유물론의 관점이다. 하지만 마르크스는 성과 호텔이 물질적으로 완전히 동일하다 하더라도, 둘은 완전히 다른 대상이라고 주장한다. 마르크스는 유물론자이면서 동시에 (기계론적) 유물론을 비판했다.

실천

이제 우리는 마르크스의 핵심 개념인 '실천'을 이해할 준비가 되었다. 마르크스는 성과 호텔이 물질적으로 완전히 동일하다고 하더라도 그 둘은 명백히 다른 대상이라고 했다. 그렇다면 마르크스는 유물론을 부정했던 걸까? 관념론보다 유물론에 더 익숙한 우리 역시 '성-호텔'은 뭔가 다르게 느껴진다. 같다고 말해야 할 것 같긴 한데, '뭔가' 다르다. 마르크스는 그 '뭔가'를 밝혀냈는데, 그것이 바로 '실천'이다. 난해함과 의아함은 잠시 뒤로 하고, '실천'의 개념적 정의부터 파악하자.

'실천'Praxis은 영어로 'practice'인데, 일반적으로 인간의 의식적, 능동적 활동을 의미한다. 즉, '실천'은 이론이나 생각을 의식적, 능동적 행동으로 옮기거나 실행하는 것을 의미한다. 쉽게 말해, '실천'은 능동적인 노력이라고 말할 수 있다. 마르크스는 물질적으로 동일한 '성-호텔'의 차이가 바로 '실천', 즉 능동적인 노력에 있다고 말하고 있다. 여전히 난해할 수 있으니 처음부터 다시 질문해보자.

'성'과 호텔은 분명 다르다. 구체적으로 어떤 점이 다른가? 먼저 '성'은 돈이 있어도 살 수 없다. 과거 봉건시대의 '성'은 왕이나 귀족계급만이 가질 수 있는 것이었기 때문이다. 하지만 자본주의 시대의 '호텔'은 전혀 다르다. 성과 달리 호텔은 돈만 있으면 누구든 살 수 있다. 마르크스는 바로 이 다름이 '실천'을 통해서 이루어졌다고 본다. 그 실천이 어떤 실천이었는지 조금 더 구체적으로 말해보자.

'시민혁명'과 '산업혁명' 같은 '실천'을 통해 '성-호텔'의 다름이 발생했다. '시민혁명'이라는 '실천'을 통해 봉건제에서 민주제로 변화했다. 이 '실천' 때문에 모든 사람들이 평등한 세상이 도래했기에, 적어도 형식상·제도상이지만 능력만 있으면 누구든 성을 가질 수 있게 되었다. 하지만 여전히 문제가 남는다. 형식상·제도상 성을 가질 수 있게 되었다고 해도 어제까지 장사하고 농사짓던 사람이 갑자기 거대한 성을 구매할 막대한 자본을 가질 수는 없다. 이런 자본은 개인의 생산력^{노동력}으로는 불가능하다.

그때 '산업혁명'이라는 '실천'이 발생했다. 증기기관의 발명을 통해 어떤 개인들은 한 개인의 생산력^{노동력}을 훌쩍 뛰어넘는 생산력을 가질 수 있는 길이 열렸다. 이로써 몇몇은 그 생산력을 통해 막대한 자본을 축적할 수 있게 되었다. 시민혁명을 통한 '신분의 철폐', 산업혁명을 통한 '자본의 축적'이 가능했기에 돈으로 성을 살 수 있게 되었고, 그것이 호텔로 변화할 수 있었다. 놀랍게도 '성-호텔'의 차이를 만들어낸 것은 '물질'이 아니라 '실천'인 셈이다. 마르크스는 이 '실천'이라는 개념을 드러냄으로써 새로운 유물론의 기초를 세웠다.

역사유물론

기계론적 유물론과 전혀 다른 마르크스의 유물론을 '역사유물론'이라고 한다. 마르크스의 유물론을 왜 '역사'유물론이라고 하는지 알 것도 같다. 마르크스는 분명 유물론자다. 물질이 근본적 실재라고 본다. 하지만 어떤 대상을 규정하는 것은 물질 그 자체가 아니다. '성-호텔'을 규정했던 것은 물질이 아니라, '실천'이었으니까. 개개인의 '실천'이 만들어내는 도도한 '역사'의 물결에 의해 대상이 규정된다. 개개인의 실천이 역사를 만들고 그 역사가 물질적인 대상을 규정한다고 보는 것이 마르크스의 유물론, '역사유물론'의 관점이다.

특히 주목해야 할 점은 이 두 가지 유물론이 어떤 대상을 바라보는 관점이다. 기계론적 유물론은 물질 그 자체가 대상을 규정한다. 그러니 물질이 고정된 대상은 관조하기만 하면 되는 대상일 뿐이다. 예를 들어, 흑인은 백인이나 황인과 달리 물질적으로 흑인이다. 그러니 흑인은 흑인으로 관조하기만 하면 된다. 기계론적 유물론은 지금 흑인이 노예라면 그 이유에 대해 '물질적으로 흑인이기에 그렇다'라고 그저 관조하기만 할 가능성이 크다. 쉽게 말해 "흑인은 원래 게을러, 자립심이 없어"라는 식으로 치부될 가능성이 높다는 의미다.

하지만 역사유물론은 다르다. 역사유물론에서 대상은 인간의 특정한 생활과정, 실천과정 속에서 변화되고 변혁된다. 역사유물론의 관점에서도 흑인은 분명 물질적으로 흑인이다. 하지만 흑인이 노예인 이유는 인간의 특정한 생활과정과 실천과정이 그런 역사를 형성했기 때문이다. 다른 실천을 통해 새로운 역사가 열릴 때 흑인은 결코 노예가 아니다. 달리 말해, 어떤 대상이든 실천을 통해 다른 존재가 될 수 있다. 마르크스의 그 유명한 이야기를 이제 이해할 수 있다.

> "흑인은 흑인이다. 특정한 관계 속에서만 노예가 된다."
> – 『임금노동과 자본』 중에서

마르크스의 역사유물론에서는 어떤 대상도 그 자체로 순응적으로 관조할 수 없다. 특정한 실천이 만들어내는 새로운 역사에 의해 그 대상은 얼마든지 달라질 수 있기 때문이다. 흑인은 물질적으로는 흑인일지라도, 노예가 될지 자유인이 될지는 전적으로 '실천'에 달렸다는 말이다. 흑인이 노예가 되는 것은 '실천'이 없었던 시대의 특정한 관계 속에서만 잠시 가능했던 일일 뿐이다. 평균적으로 여성이 남성에 비해 사회·경제적으로 부당한 처우를 받고 있는 것도 마찬가지다. 여성은 분명 물질적으로 여성이지만 여성이 차별을 받을지 아닐지는 특정한 '실천'이 만들어내는 역사에 달렸다.

마르크스가 위험한 '빨갱이'인 이유

한국에서는 꽤 긴 시간 동안, 어쩌면 지금까지도 '마르크스=빨갱이'라는 부정적 도식이 받아들여져 왔다. (실제로 나의 군복무 시절에 마르크스의 『자본론』은 금서였다.)

'빨갱이'가 뭘까? '빨갱이'는 일제 치하에서 일본에 대항해서 싸웠던 유격대원을 지칭하는 '빨치산'이 변형된 말이다. 빨치산의 어원은 '정당party의 당원'을 의미하는 '파르티잔partisan이다. 공교롭게도, 일제에 대항해 싸우던 '빨치산'들이 대부분 공산주의자였기에, 해방 후에 '빨갱이'는 공산주의 전체를 이르는 말이 되었다.

이후, 남북 분단이 고착화되면서 빨갱이는 '공산주의자'뿐만 아니라 기득권이나 기존 체제에 의문을 제기하거나 사회적 변화를 원하는 이들을 비하하는 의미까지 담게 되었다. 군사독재에 항거했던 민주열사들에게 어김없이 빨갱이란 딱지가 붙었던 이유도 그래서다. 말하자면, 마르크스는 빨갱이의 상징인 셈이다. 그런데 마르크스는 왜 '빨갱이'의 상징이 되었을까? 이 질문에 답하기 위해서는 마르크스가 '인간'이라는 존재를 어떻게 규정했는지부터 알아볼 필요가 있다.

"인간의 본질은 개별적인 인간에 내재하는 추상물이 아니다. 현실적으로 인간의 본질은 사회적 관계의 총체이다."

– 『포이어바흐에 관한 테제』 중에서

마르크스에게 '인간'이란 선천적이고 영원히 변하지 않는 어떤 존재가 아니라 특정한 사회적 관계에 따라 만들어지는 존재였다. 쉽게 말해, 인간은 어떤 환경에 있는지에 따라 전혀 다른 존재가 된다는 말이다.

마르크스에 따르면, 노예가 노예의식을 갖고 있는 건 그가 노예로 태어나서 노예로 자랄 수밖에 없는 사회적 관계에 놓여 있었기 때문이다. 주인의 주인의식 역시 마찬가지다. 마르크스에 이르러 인간은 선천적이고 항구적인 어떤 특정한 본질을 갖고 있지 않은 존재가 된다. 인간의 본질은 사회적 관계 속에서 정의되기 때문이다.

'인간'에 대한 마르크스의 이런 관점을 이해하면, '마르크스=빨갱이'란 도식도 이해할 수 있다. 달리 말해, 마르크스가 왜 불편과 위험을 초래하는 '빨갱이'의 상징이 되었는지 알 수 있다. 왜 안 그럴까? 마르크스와 함께하는 노예는 희망을 가질 수밖에 없다. 자신이 노예인 이유가 선천적이고 항구적인 노예여서가 아니라 노예로 살 수밖에 없는 사회적 관계 속에 던져졌기 때문이라는 사실을 자각하게 될 테니까.

그 사실을 자각한 노예는 어떻게 될까? 짱돌과 촛불을 들고 사회를 바꾸려고 노력하게 될 것은 자명하다. 자신을 둘러싼 사회적 관계를 바꾸어 내면

노예가 아니라 주인이 될 수 있으니까. 이건 반대로 노예를 거느린 주인들에게는 위험천만한 발상이다. 노예를 부리며 편하게 잘 먹고 잘 살고 있는데 갑자기 노예들이 그 사회적 관계를 바꾸려 드니까 말이다.

유사 이래 역사의 강자였던 '주인'왕, 귀족, 자본가에게 마르크스의 철학은 위험천만하다. 언제나 말 잘 듣던 '노예'신하, 하인, 노동자들이 "나와 당신은 전혀 다를 게 없는 인간이야!"라고 말하며 짱돌과 촛불을 들고 사회적 관계를 재배치하려는 '실천'을 감행하려 할 테니까. 마르크스가 그리도 '혁명! 혁명!'을 외쳤던 것은, 인간은 사회적 관계가 달라지면 다른 존재가 될 수 있다는 믿음 때문이었다. 이제 우리는 마르크스의 이 외침의 진의를 더 깊게 이해할 수 있다.

> "노동자가 혁명에서 잃을 것이라고는 쇠사슬뿐이요 얻을 것은 세계 전체다. 만국의 노동자여 단결하라!"
>
> – 『공산당선언』 중에서

초인을 꿈꾼 철학자
프리드리히 니체

니체는 독일을 대표하는 철학자다. "신은 죽었다!" 그가 어떤 철학자였는지를 상징적으로 드러내는 말이다. 니체는 "예수는 천재의 반대다. 그는 멍청이다!"라는 말로 기독교를 노골적으로 비판했다. 니체는 서구의 근대를 형성해 온 기독교 사상이 인간의 단독성과 자유의지를 억압한다고 보았다. 기독교적 사상이 곧 인간의 삶을 파괴할 것이라고 여겼기 때문이었다.

"신은 죽었다"라는 니체의 사자후는 비단 기독교만의 비판으로 그치지 않는다. 서양 근대의 가장 강력한 권위가 바로 '신'이다. 니체는 그 '신'을 비판하고 제거함으로써 사회적으로 주눅 들지 말고 각자의 삶을 긍정하며 주어진 운명을 꿋꿋하게 개척해 나가기를 바랐다. 니체가 그리도 강조했던 '초인'은 그

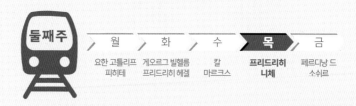

Friedrich Wilhelm Nietzsche: 1844년 10월 15일~1900년 8월 25일

런 존재다. 어떤 상황, 어떤 권위 앞에서도 주눅 들지 않고 각자의 삶을 긍정하며 주어진 운명을 강건하게 개척해 가는 존재.

니체의 이런 날 선 비판철학은 현대 프랑스의 철학자들에게 이어져 내려오고 있다. 니체는 육체적으로도 정서적으로도 건강하지 못한 생애를 살아냈지만, 오히려 그런 자신의 삶을 통해 건강한 삶이란 어떠해야 하는지를 찾으려 애쓴 철학자였다. 그래서 니체는 생명과 삶을 적극적으로 긍정한 생生의 철학자로 평가받고 있다.

주요 저서로는 『차라투스트라는 이렇게 말했다』, 『도덕의 계보학』 등이 있다.

질문방식

니체는 특정한 개념보다 그의 '질문방식'에 주목해야 한다. 니체의 저력은 기존 철학이 던졌던 질문방식 자체를 문제 삼았다는 데 있다. 니체 이전 철학의 주된 질문방식은 "본질이 무엇인가?"였다. "아름다움이란 무엇인가?"라고 누군가 물었다고 가정해보자. 이에 대해 '날씬함', '뚜렷한 이목구비', '타인을 배려하는 마음'이라고 답할 수 있다. 이때 니체 이전의 많은 철학자들은 이렇게 다시 묻는다. "그것이 다 아름다움이라면, 그것들을 다 묶을 수 있는 공통점은 무엇인가?" 즉, "아름다움의 본질은 무엇인가?"라고 묻는 것이다.

'날씬함', '뚜렷한 이목구비', '타인을 배려하는 마음'은 아름다움을 드러내는 하나의 현상일 뿐, 본질은 아니다. 아름다움의 본질은 개별의 현상을 모두 담을 수 있는 어떤 공통점이다. 그것이 본질이다. 니체 이전의 철학은 집요하게 이런 본질을 찾으려 했다. 많은 철학자들이 '진리'에 그리도 목을 맨 이유다. 세상 만물의 '본질'이 바로 '진리'니까. 진리를 찾는다는 것은 본질을 찾는다는 말과 같다. '진리를 안다'는 것은 세상의 변화무쌍한 개별 현상을 모두 담을 수 있는 어떤 공통점을 파악하게 된다는 의미니까.

니체는 집요하게 본질을 묻는 전통적인 질문방식을 문제 삼았다. 이는 니체에게 당연한 일이었다. 니체는 본질이나 진리는 고정불변으로 정해져 있는 것이 아니라, 관계와 관점에 따라 얼마든지 달라질 수 있는 것이라고 보았기 때문이다. 긴 시간 철학을 지배해 온 본질과 진리라는 것을 해체한 셈이다. 이에 대한 니체의 이야기를 직접 들어보자.

> '진리' 개념은 불합리하다. ⋯⋯ '참', '거짓'이라는 전 영역은 단지 존재들 사이의 관계에만 연관되는 것이지, '그 자체'와 연관되는 것이 아니다. ⋯⋯ 그 자체는 무의미하다. : '인식 그 자체'가 있을 수 없는 것과 마찬가지로 '본질 그 자체'도 없다. 관계들이 비로소 본질을 구성하는 것이다.
>
> – 『유고 1888년~1889년 1월』 중에서

니체는 '아름다움의 본질이 무엇인가?'라는 질문을 '아름다움의 본질을 왜 알려고 하는가?'로 바꿔버린다. 서구의 전통철학이 본질과 진리에 집착할 때, 니체는 '왜 본질과 진리에 집착하는가?'를 묻는다. 다시 말해, 많은 철학자들이 물, 땅, 하늘, 강함, 아름다움, 선, 악 등등의 본질을 파악해 세상 만물의 진리에 도달하려고 할 때, 니체는 본질과 진리를 사로잡고 있는 어떤 힘 혹은 의지가 어떤 것인지를 드러내려고 했다.

조금 거칠게 말해, 니체는 '꿍꿍이'를 묻는 셈이다. 누군가 '아름다움의 본질이 무엇인가?'라고 물을 때, 니체는 답하지 않는다. 대신 다시 질문한다. "그걸 왜 묻는데?" 니체 철학의 핵심은 본질과 진리를 찾으려는 이들의 꿍꿍이를 폭로한다는 데 있다. 달리 말해, 본질과 진리라는 것 속에 어떤 것이 이미 표현되거나 혹은 숨어 있는 것이 없는지 드러내려고 했다.

이를 철학적 언어로 표현하면, 니체는 진리 중심의 전통 철학에 '의미'와 '가치'를 끌어들였다고 말할 수 있다. 모든 사람이 '이것이 무엇인가?'라고 물을 때, 니체는 본질과 진리를 해체한 자리에 '그것은 나에게 무엇인가?'라는 질문을 던진다. 이에 대해 니체는 직접적으로 말한 바 있다.

> 본질이나 본성은 관점적인 것이며, 이미 다양성을 전제한다. 언제나 근저에 놓인 것은 '그것은 나에게, 우리에게 혹은 존재하는 모든 것에게 무엇인가'이다.
> – 『유고 1888년~1889년 1월』 중에서

이는 혁명적이다. 왜 그런가? '이것은 무엇인가?'라는 진리 중심의 질문방식은 주어진 질문 안에서 허우적거리게 만든다. 하지만 "'이것은 무엇인가?'라는 질문을 던지는 의도가 무엇인가?"라고 질문방식을 바꾸면 상황은 완전히 달라진다. 질문의 '의미'나 '가치'를 묻는 순간, 주어진 질문 밖에서 사고할 수 있게 된다. 질문방식을 바꿈으로써 새로운 사고방식이 가능케 된 셈이다.

힘의 의지

이제 니체의 핵심 개념인 '힘의 의지'에 대해 이야기할 수 있다. 질문의 꿍꿍이'의미'와 '가치'를 발견한다는 것은, 그 질문을 왜 하는지 안다는 것이다. 달리 말해, 그 질문에 관계된 '힘'을 안다는 의미다. 가장 흔한 질문을 예로 들어보자. "돈을 어떻게 벌 수 있을까?" 이 질문에 매몰되었을 때 답은 뻔하다. '장사', '취업', '도둑질' 등등. 하지만 이 질문의 꿍꿍이'의미와 가치'를 발견하면 상황은 전혀 달라진다. 니체 식으로 질문을 바꿔보자.

"'돈을 어떻게 벌 수 있을까?'라는 질문을 왜 할까?" 이렇게 바꾸면 그 질문을 한 '힘'이 드러난다. 어떤 '힘'이 사람들에게 '돈을 어떻게 벌 수 있을까?'라는 질문을 불러일으켰는지 알 수 있다. 그 힘은 어린 시절 돈에 쪼들려서 겪어야 했던 개인적 상처일 수도 있고, 자본이 인간보다 높은 가치를 갖는 자본주의적 사회구조일 수도 있다. 질문 자체에 매몰되지 않고 질문의 꿍꿍이를 물을 때라야 은폐되어 있던 '힘'이 드러난다.

그런데 그렇게 드러난 '힘'은 하나가 아니다. 어떤 대상이든 두 가지 힘이 결합되어 있다. 지배적인 힘과 피지배적인 힘. 지배적인 힘은 명령을 내리는 힘이고, 피지배적인 힘은 복종하는 힘이다. '힘의 의지'는 이 두 '힘' 사이의 관계성을 의미한다. 두 힘이 있을 때 어떤 힘이 명령하는 힘이고, 어떤 힘이 복종하는 힘인지 구별해주는 것을 '의지'라고 한다. 달리 말해, 이 '의지'에 따라 어떤 힘은 지배적인 힘이 되고, 어떤 힘은 피지배적인 힘이 된다. 이 '의지'가 힘들 간의 관계를 만들어내는데, 니체는 이 의지를 '힘의 의지'라고 말한다.

난해하다. 예를 들어보자. 교실에 선생과 학생이 있다. 선생은 선생의 힘이 있고, 학생은 학생의 힘이 있다. 대체로 교실에서 선생의 힘은 지배적인^{명령 내리는} 힘이고, 학생의 힘은 피지배적인^{복종하는} 힘이다. 교실 안의 '선생-학생'의 관계성 속에는 눈에 보이지 않는 어떤 '의지'가 이미 있다. 그 '의지'가 선생의 힘을 지배적인 힘으로 만들고, 학생의 힘을 피지배적인 힘으로 만드는 것이다. 바로 이 의지가 '힘의 의지'인 셈이다. 그 '힘의 의지'가 '선생-학생' 관계, 정확히는 힘들 간의 관계성을 만들어낸다.

여기서 중요한 것은 '힘의 의지'는 고정적이지 않다는 사실이다. "수업시간에 와 자빠져 자노?"라고 말하며 따귀를 때릴 때 선생의 힘은 지배적인 힘이다. 그때 학생의 힘은 피지배적인 힘이다. 그 두 '힘의 의지'는 그렇게 작동한다. 하지만 힘들 간의 관계성이 늘 그렇게 고정되어 있는 것은 아니다. 그때 뺨을 맞은 학생이 선생에게 따져 물었다고 해보자.

"그렇다고 와 뺨을 때리는데예! 그게 뺨까지 맞을 일입니꺼!" 이때 순간적으로 두 힘 간의 관계는 역전된다. 선생의 힘은 피지배적 힘으로, 학생의 힘이 지배적 힘으로 역전된다. 이때 '힘의 의지'는 뒤집어진 힘들 간의 관계를 만들어낸다. '힘의 의지'에 따라 힘들의 관계가 만들어지고, 그렇게 만들어진 관계가 바로 '힘의 의지'다. 니체는 이 세상 자체가 바로 이런 힘의 의지로 구성되어 있다고 보았다. 그래서 니체는 이리 말했다.

이 세계는 힘의 의지다. 그 외의 아무것도 아니다. 너희 역시 이 힘의 의지다. 그 외의 아무것도 아니다.

– 『유고 1888년~1889년 1월』 중에서

니체를 공부하면 까칠해지는 이유?

철학을 한다는 건 당연하게 여기는 기존 세상에 의문을 제기한다는 것을 의미한다. 그래서 모든 철학자들은 일정 정도 까칠할 수밖에 없다. 하지만 그중에서도 니체는 유독 까칠하다. 니체가 강조했던 것이 비판철학이었던 것도 그래서였다. 니체는 세상과 사회를 비판적으로 사고할 수 있는 철학을 지향했다. 하지만 이것이 쉽지 않다. 언제나 세상과 사회에 순응해왔던 것이 우리의 오래된 습관 아니던가.

니체는 이런 순종적이고 순응적인 우리에게 비판철학을 가능하게 해줄 하나의 방법론을 전해준다. 계보학이다. 계보학은 말 그대로 계보를 찾는 학문이다. 쉽게 말해, 아버지를 찾는 작업이다. 예컨대 "한국 소설의 아버지는 누구인가?"라는 질문에 답을 찾고, 그렇게 찾은 '아버지'로부터 계보의 선을 그려 나가는 작업이 계보학의 원론적 정의다. 그래서 계보학은 '족보학'이라고 말할 수 있다. 족보학은 '아버지'로 상징되는 신성한 기원을 찾아가는 계보학이다.

니체는 신성한 기원을 찾는 족보학적인 계보학을 비판하면서 새로운 의미의 '계보학'을 제시했다. 니체의 계보학은 '신성한 기원'을 찾는 게 아니라,

어떤 대상과 개념의 기원을 묻는다. 달리 말해, 어떤 대상이나 개념이 어떻게 만들어지고 이어져 왔는지를 묻는다. 이런 계보를 그리다 보면 놀라운 일이 벌어진다. '좋다/나쁘다', '선하다/악하다', '옳다/그르다'라는, 세상 사람들이 결코 의심하지 않는 가치판단에 심각한 균열이 발생한다.

동성애를 예로 들어보자. 여전히 동성애는 '나쁜 것' 혹은 '그른 것' 아니면 '교화나 치료해야 할 것'으로 받아들여지는 경향이 있다. 하지만 계보학적으로 동성애를 추적하면 놀라운 사실을 발견하게 된다.

고대 그리스에서는 두 가지 사랑을 인정했다. 이성 간의 사랑과 동성 간의 사랑. 고대 그리스에서 동성애는 자연스러운 일이었다. 심지어 어떤 동성애는 국가에서 권장하기도 했다. 소년이 지혜로운 성인의 성욕을 만족시켜주는 과정을 통해 지혜와 덕을 교육받아 훌륭한 성인이 된다고 생각했기 때문이다.

이런 니체의 계보학적 추적 과정에서 어떤 의도^{의지}가 동성애를 혐오의 대상으로 변질시키게 되었는지를 묻게 되고, 이 과정에서 자연스럽게 세상을 조금 다른 기준으로 바라볼 수밖에 없게 된다. 당연하지 않은가? 의심의 여지 없이 '나쁜 것', '그른 것'으로 생각했던 대상과 개념이 한때는 '좋은 것', '옳은 것'으로 여겨졌다는 사실을 알게 되었을 때, 내가 의심의 여지가 없다고 여겼던 가치판단에 균열이 발생할 수밖에 없다.

이런 계보학적 추적을 통해 당연하게 대상들, 예컨대 결혼, 자본주의, 국가 개념 역시 전혀 다른 시선으로 바라볼 수 있다. 상대의 성을 배타적으로

소유하는 결혼이란 제도적 장치 없이도 행복하게 잘 살았던 역사가 있다면 지금의 '결혼' 제도를 낯설게 볼 수밖에 없다. 화폐의 축적, 교환 없이도 인간답게 살 수 있는 역사를 발견하면 지금의 '자본주의' 체제를 낯설게 볼 수밖에 없다. 전쟁을 준비함으로써 자국민을 보호하는 '국가'라는 제도적 장치 없이도 공동체를 이루며 잘 살았던 역사를 발견하면 지금의 국가라는 장치는 전혀 다르게 보인다.

이렇게 니체의 계보학은 당연한 것으로 여겨지는 가치판단이 어떤 역사적 과정을 거쳐 형성되었는지를 추적한다. 이를 통해 우리의 가치판단이 어떤 의도^{꿍꿍이}에 따라 형성된 것임이 드러난다. '옳다' 혹은 '그르다'고 믿는 가치가 누군가의 기획에 의해 옳은 것 혹은 그른 것이 된 것임을 폭로하는 것이 계보학의 과제다. 계보학은 이렇게 우리에게 익숙한 것들을 낯설게 볼 수 있는 비판적 시선을 선물해준다. 그러니 니체를 공부하면 까칠해질 수밖에 없다. 세상에 당연한 것은 없으니, 모든 것을 의심해보아야 하지 않겠는가.

구조주의 언어학의 시조새

페르디낭 드 소쉬르

소쉬르는 스위스의 언어학자다. 흔히 단어가 어떤 대상을 지시하면 그 이유를 단어와 대상 사이의 관계성에서 찾는다. 하지만 소쉬르는 실제로는 그렇지 않다는 사실을 밝혔다. 그는 특정한 단어가 무엇인가를 지시할 수 있는 이유는 다른 단어들과의 관계 혹은 차이 때문이라는 사실을 드러냈다. 그가 구조주의 언어학자인 이유도 그래서다. 단어의 의미가 다른 단어들과 관계 혹은 차이를 통해서 드러난다는 말은 언어라는 '구조'를 통해서 의미가 규정된다는 뜻이기 때문이다.

또 그는 언어학에서 사용되는 개념 중 공시언어학과 통시언어학을 처음으로 도입했다. 공시언어학은 특정한 한 시기의 언어의 규칙과 체계를 연구하는 것이고, 통시언어학은 언어의 역사적 변화를 연구하는 것이다. 소쉬르는 언어학의 중

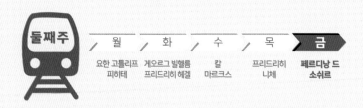

Ferdinand de Saussure: 1857년 11월 26일~1913년 2월 22일

심이 공시언어학이라고 주장했다. 언어의 의미는 언어 자체의 구조에 의해 결정된다고 보았기 때문이다.

이런 과정을 통해 소쉬르는 데카르트 이후 근대적 주체인, 완전하고 명료한 이성적 주체를 근본부터 뒤흔든다. 개인의 사고와 판단은 완전하고 명료한 것이 아니라 언어라는 구조 아래 갇혀 있다는 사실을 드러냈기 때문이다.

저서로는 『일반언어학 강의』 등이 있다.

랑그와 파롤

소쉬르는 '랑그'와 '파롤'이라는 개념으로부터 시작해보자. 소쉬르는 언어활동에는 '랑그'langue, 언어와 '파롤'parole, 화언이 있다고 주장했다. 먼저 '파롤'이 무엇인지부터 알아보자. 파롤은 화언, 발화로 번역되는데, 이는 어떤 말이 성대를 울려서 나오는 소리를 의미한다. "선빈이는 씩씩하다"라고 누군가 말했다고 해보자. 그때 성대를 울려서 나오는 억양, 음색, 음량, 음파가 '파롤'이다.

파롤의 특징은 일회성에 있다. "선빈이는 씩씩하다"라는 문장은 말하는 사람이 남자인지, 여자인지 혹은 노인인지, 아이인지에 따라 파롤이 모두 달라지기 때문이다. 심지어 같은 사람이 말을 해도 파롤은 말할 때마다 다르다. 같은 사람이 같은 문장을 반복하더라도, 말할 때마다 미세하게 다른 억양, 음색, 음량, 음파를 가질 수밖에 없기 때문이다. 내뱉어진 파롤은 결코 동일하게 반복될 수 없기에 일회적이다.

그렇다면 '랑그'는 무엇일까? 랑그는 언어를 사용할 때 반드시 따라야 할 규칙 전체를 의미한다. 흔히 말하는 '문법'은 '랑그'의 일부라고 할 수 있다. "선빈이는 씩씩하다"라는 문장을 500명이 말하면 500개의 '파롤'이 생기지만 '랑그'는 그렇지 않다. 그 문장을 500명이 말하더라도 동일한 규칙에 의해서 동일한 순서로 쓰고 말한다. 바로 그 언어의 규칙 전체가 '랑그'다.

랑그의 특징은 사회성에 있다. 규칙이라는 것은 적어도 그것을 공유하는 대상이 둘 이상일 때 성립하는 까닭이다. 언어를 사용할 때 반드시 따라야 할 규칙 전체^{랑그}는 반드시 사회성을 띨 수밖에 없다. 그렇지 않다면 언어로서의 기능이 애초에 없는 것이니까. 각자가 각자의 규칙으로 말하고 쓴다면 그것은 이미 언어라고 할 수 없다. 소쉬르는 이 '랑그'야말로 언어학의 대상이라고 주장했다. 소쉬르의 이야기를 직접 들어보자.

"랑그는 파롤을 통해 동일한 공동체에 속하는 화자들 속에 저장된 보물이며, 각 뇌리 속에 혹은 좀 더 정확하게 말한다면 모든 개인의 뇌 속에 잠재적으로 존재하는 문법 체계이다. 왜냐하면 언어란 그 어느 개인 속에서도 완전할 수가 없고, 집단 속에서만 완전하게 존재하기 때문이다."
– 『일반언어학 강의』 중에서

소쉬르의 언어학은 종종 장기로 비유된다. 언어학이 장기라면, 랑그란 장기의 말들을 움직이는 규칙, 상대의 말을 잡아먹는 게임 규칙 전체를 의미한다. 여기서 랑그가 사회적이란 말의 의미가 드러난다. '차^車'라는 말을 동전으로 바꿔도 장기를 두는 데는 아무런 문제가 없다. 즉, 우리가 일상적으로 쓰는 말을 다른 말로 바꾸어도 랑그는 변하지 않는다. 언어는 내가 사용하든 안 하든 이미 나와 무관하게 존재하는 사회적인 것이다.

『일반언어학 강의』를 통해 소쉬르가 주장한 바에 따르면, 랑그야말로 언어학이 다루는 대상이며, 랑그는 모든 언어활동의 '사회적 규범'이자 하나의 '사회적 제도'다. ✈를 '비행기'라고 쓰고 발음하는 것은 '대상✈-언어비행기'가 사회적으로 이미 그렇게 관계 맺고 있었기 때문이다. 이 말은 '언어-대상' 사이의 관계는 일정한 질서가 없는, 즉 자의적 관계라는 의미이기도 하다.

'✈-비행기' 관계는 필연적이지 않다. 미국인들에게는 '✈- plane' 관계가 성립된다. 랑그는 사회성을 띠기에 '대상-언어'의 관계는 자의적 관계를 가질 수밖에 없다. '대상-언어' 관계는 어떤 사회적 규범과 제도 아래에 놓였느냐에 따라 달라지기 때문이다. 거기에는 일정한 규칙이 없다. 그냥 그 사회에서 '✈'은 '비행기' 혹은 'plane'을 나타낼 뿐이다. '언어-대상'의 관계가 필연적으로 관계 맺고 있는 것처럼 보이는 이유는 다른 사회에 대한 무지의 결과일 뿐이다.

언어혁명

소쉬르의 언어학은 종종 '코페르니쿠스 혁명'에 비유되며 철학적 혁명으로 이야기된다. 무엇이 혁명인가? 놀랍게도 소쉬르는 '내'가 내뱉는 말언어이 '내'가 하는 것이 아니라고 말한다. 그렇다면 내가 내뱉는 말은 누가 하는 것이란 말인가? 소쉬르는 그것을 '랑그'라고 했다. 소쉬르의 혁명성은 '랑그'라는 개념에 있다. 랑그는 개인에 의해 좌우되는 것이 아니라 사회적으로 약속된 규칙 체계제도, 규범다.

랑그는 우리가 태어나든 말든 상관없이 이미 항상 존재하고 있다. 우리가 말언어을 하기 위해서는 먼저 랑그라는 사회적 규칙에 따르고 그 규칙 체계 안으로 들어가야 한다. 우리가 독일에서 '말'을 하지 못하는 건 독일어의 규칙을 모르고, 그 규칙 체계 안으로 들어갈 수 없기 때문이다. 독일어의 '랑그'를 모르기에 말할 수 없는 것이다. 이 랑그라는 개념이 가지는 함의는 혁명적이다.

소쉬르에 따르면 언어_{말,글}의 의미는 개인이 만들어내는 것이 아니라, 언어체계 안에 있는 랑그에 따라 만들어진다. 이 말은, 개인들이 자유롭게 언어를 사용하는 것이 아니라 이미-항상 정해져 있는 랑그라는 사회적 규칙에 따라 의미를 말하고 받아들일 수밖에 없다는 뜻이다. '비행기'라는 말을 들을 때 ✈를 떠올리는 건 '내'가 정한 것이 아니다. 어느 개인이 정한 것도 아니다. 사회적 규칙인 랑그 속에 '비행기-✈' 관계가 이미-항상 존재하기에 그런 것이다. 우리는 정해진 규칙에 따라 언어의 의미를 받아들이고 말할 수밖에 없다.

더욱 놀라운 사실이 있다. 이런 언어적 의미들이 확장되면 결국 '옳다/그르다', '좋다/싫다' 등의 사고나 판단, 취향 역시 언어의 구속 아래에 놓이게 된다는 사실이다. 사고나 판단, 취향은 지극히 개인적인 영역이라 믿지만 이 역시 사실은 이미-항상 정해진 사회적 규칙, 즉 랑그에 의해 정해진다. 달리 말해 사고나 판단, 취향은 개인이 결정하는 것이 아니라 언어의 의미체계 속에 있는 것이고, 개인들은 그에 따라 사고하고 판단하게 된다는 말이다.

'강아지'와 '개새끼'라는 말을 생각해보자. 두 단어는 표면적으로는 '어린 개'라는 의미로 같다. 하지만 누군가 "넌 강아지 같아"라고 했을 때와 "넌 개새끼 같아"라고 했을 때의 사고와 판단은 같지 않다. 전자는 칭찬의 의미^{'옳}'좋다'로 사고·판단하지만, 후자는 비난의 의미^{'그르다'}'싫다'로 사고·판단하게 된다. 왜 그럴까? '강아지'란 말은 이미-항상 긍정적 가치판단이 내포된 사회적 규칙에 놓여 있는 반면, '개새끼'란 말은 이미-항상 부정적 가치판단이 내포된 사회적 규칙에 놓여 있기 때문이다.

이런 사고·판단은 개인이 하는 것이 아니다. '개새끼'를 나쁜 혹은 싫은 것으로, '강아지'를 옳은 혹은 좋은 것으로 받아들이는 것은 개인의 선택이 아니다. 주어진 기존의 언어체계를 받아들인 결과다. 기존 언어의 의미체계에 따라 개인들은 사고하고 판단한 것이다. 소쉬르의 철학은 그래서 혁명적이다. 데카르트 이후부터 이어져 온 (명료하고 투명한 사고와 판단이 가능한) 근대의 주체 개념을 근본부터 뒤흔들기 때문이다. 왜 안 그럴까? 주체의 사고와 판단은 투명하고 명료하기는커녕 언어체계의 지배 아래 구속되어 있음을 이토록 명징하게 드러냈으니까.

소쉬르가 '구조주의'의 아버지가 된 이유?

소쉬르에 대해 이야기하면서 '구조주의'Structuralism에 대해 말하지 않을 수 없다. 먼저 구조주의가 무엇인지 알아보자. 구조주의는 사물의 참된 의미가 사물 자체의 속성과 기능에 의해서가 아니라 사물들 간의 관계에 따라 결정된다고 보는 이론이다. 쉽게 말해, 어떤 대상이든 그 대상이 속한 구조의 지배를 받는다는 것이 구조주의의 핵심이다. 여기서는 '구조주의가 인간이란 존재를 어떻게 바라보는가?'에 대해서 이야기하자.

구조주의는 '인간은 구조에 사로잡혀 훈육된 존재'라는 입장을 견지한다. 즉, 구조주의적으로 보자면 인간은 주어진 '구조'에서 결코 벗어날 수 없는 존재다. 많은 철학자들이 이 '구조'를 발견했다. '칼 마르크스'는 경제구조를, '레비-스트로스'는 친족구조를, '자크 라캉'은 정신분석학적 구조를 발견했다. 다양한 분야에서 인간의 내면에 이미-항상 각인된, 그래서 인간이 벗어날 수 없는 '구조'를 발견함으로써 구조주의는 하나의 철학적 흐름으로 자리 잡았다. 구조주의는 '인간은 자유롭다'고 주장하는 '실존주의'가 순진한 사상이라고 폭로함으로써 당대에 큰 반향을 불러일으켰다.

'소쉬르'는 단 한 번도 자신의 입으로 '구조'란 단어를 내뱉은 적이 없다.

흥미로운 점은 그럼에도 소쉬르가 '구조주의'의 창시자로 불린다는 사실이다. 왜 이런 일이 일어났을까? 소쉬르의 언어학적 입장을 보면 이유를 알 수 있다. 소쉬르는 어떤 사물의 의미나 판단 혹은 사고가 어느 한 개인에게 의존하는 게 아니라 이미 존재하는 언어 '구조'에 내장되어 있다고 보았다. 즉, 언어라는 구조를 통해 어떤 대상의 의미, 사고, 판단이 결정된다는 것이다.

소쉬르는 누구보다 먼저 인간 내면에 각인된, 그래서 동시에 누구도 벗어날 수 없는 구조를 발견했다. '언어'라는 구조. 소쉬르는 '어떤 구조에 의해 인간은 결정지어진다'라는 생각의 틀을 가장 먼저 제시했다. 이런 생각의 틀은 많은 후대 철학자 구조주의자들에게 크고 깊게 영향을 미치게 된다. 가장 먼저 이런 구조주의적 생각의 틀을 제시한 사람이 소쉬르였기에, 그 자신은 단 한 번도 '구조'라는 말을 사용한 적이 없음에도 구조주의의 창시자로 인정받고 있다.

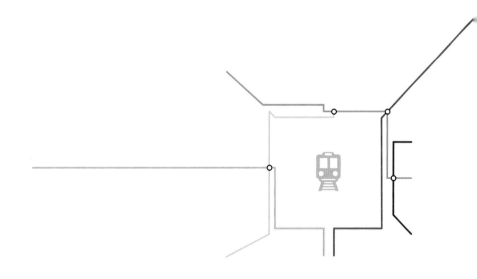

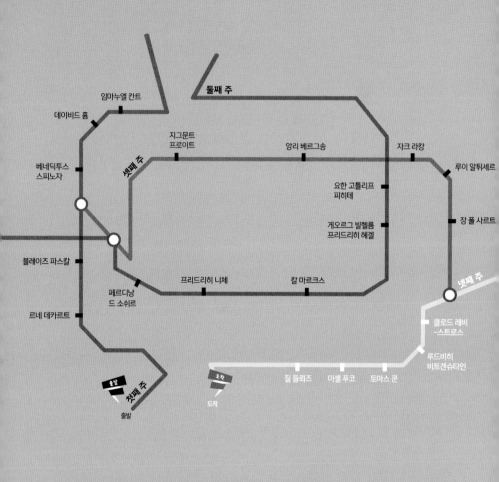

임마누엘 칸트

데이비드 흄

둘째 주

지그문트
프로이트

앙리 베르그송

자크 라캉

베네딕투스
스피노자

셋째 주

루이 알튀세르

요한 고틀리프
피히테

장 폴 사르트

게오르그 빌헬름
프리드리히 헤겔

블레이즈 파스칼

프리드리히 니체

칼 마르크스

넷째 주

페르디낭
드 소쉬르

클로드 레비
-스트로스

르네 데카르트

루드비히
비트겐슈타인

출발

첫째 주

도착

질 들뢰즈   미셸 푸코   토마스 쿤

출발

도착

셋째 주 여행

월 / 지그문트 프로이트

화 / 앙리 베르그송

수 / 쟈크 라캉

목 / 루이 알튀세르

금 / 장 폴 사르트르

마음을 분석하는 철학자
지그문트 프로이트

프로이트는 정신과 의사이자 철학자로, 인간의 의식 이면에 무의식이 있다는 혁명적 발견을 한 정신분석학의 창시자다. 프로이트는 인간의 무의식을 발견한 것뿐만 아니라 무의식이야말로 인간의 마음을 지배하는 결정적 요소임을 밝혔다. 놀라운 발견이다.

데카르트 이후로, 인간은 생각할 수 있는, 즉 '의식'적인 존재이며 그 '의식'이 인간의 마음을 통제할 수 있다고 믿었다. 하지만 프로이트는 인간은 '의식'적인 존재가 아닌 '무의식'적인 존재이며, 우리의 마음은 '무의식'에 의해 지배당하고 있음을 밝혔다.

'의식-무의식'이라는 초기 정신분석학의 이론적 틀은 후기로 가면서 '자아-이드-초자아'라는 이론적 틀로 완성된다.

Sigmund Freud: 1856년 5월 6일~1939년 9월 23일

이런 정신분석학적 이론의 토대를 만들어가는 과정에서 그는 철학자의 반열에 오르게 된다. 이후 프로이트의 정신분석학은 과학적이지 않다는 비판을 받기도 했지만 그의 철학은 라캉으로 이어지면서 인간에 관한 중요한 통찰을 여전히 전해주고 있다.

주요 저서로는 『정신분석학 개요』,『일상생활의 정신분석학』,『쾌락원리를 넘어서』 등이 있다.

무의식

프로이트는 '무의식'이란 개념으로부터 시작해야 한다. 인간의 정신에는 '의식'되지 않는 영역이 분명히 있다. 프로이트는 이를 '무의식'이라고 했다. 프로이트에 따르면, 무의식은 누구에게나 존재하며, 더 나아가 정신의 가장 본질적인 요소가 바로 '무의식'이다. 달리 말해, 인간의 정신이 명료하고 투명한 '의식'이 아니라 혼란스럽고 불투명한 '무의식'의 영향을 크게 받는다는 것이다.

놀랄 만한 주장이다. 인간이 비합리적이며 비이성적인 것은 지극히 당연하다고 말하는 셈이기 때문이다. 프로이트에 따르면, 인간은 명료하고 투명한 '의식'을 통해 합리적이고 이성적인 사고나 판단을 하기보다 혼란스럽고 불투명한 '무의식'의 지배를 받는다. '무의식'은 '의식'되지 않기에 비합리적이며 비이성적일 수밖에 없다. 인간을 지배하는 이 '무의식'에 대해 조금 더 깊이 알아보자.

초기 프로이트는 인간의 정신은 '의식-무의식'이라는 두 층위로 이뤄져 있다고 보았다. 우리는 흔히 접했던 바다에 빙산이 떠 있는 이미지 때문인지, '무의식'이 '의식' 아래에 (분리되어) 있다고 여기는 경향이 있다. 하지만 이는 무의식에 대한 대표적 오해다. 굳이 이미지화하자면, 푸른색^{의식} 털실과 붉

은색^{무의식} 털실이 뒤엉켜 있는, 동시에 붉은색 털실이 압도적으로 많은 털실 뭉치라고 하는 것이 낫겠다. 이렇듯 무의식과 의식은 함께 있고 서로 영향을 주고받는 상호작용을 하는 관계다. 내가 어떤 행동을 할 때, 그건 '의식'과 '무의식'이 동시에 작동한 결과다.

편의점에서 빵을 하나 산다고 해보자. 우리는 '의식'적으로 편의점에 들어가서 빵을 산다고 믿는다. 하지만 이런 일상적 행동들조차 온전히 '의식'적인 것은 아니다. 배가 고픈데, 왜 식당이 아니고 편의점이었을까? 또 그 편의점에서 고른 것이 라면이나 과자가 아니고 빵이었을까? 그것은 '항상 돈을 아껴야 한다' 혹은 '늘 시간을 아껴 써야 한다'는 무의식의 발현이었을 수도 있다. 바로 그 무의식 때문에 배가 고프면 '그냥'^{의식} 없이 편의점에 들어가 황급히 빵을 먹고 나오는 것이다.

물론 그 무의식은 사람마다 다 다를 수 있다. 하지만 중요한 것은 그 무의식이 무엇이든, 어디서 어떻게 형성되었든 간에 그건 분명 '의식'되지 않는^{무의식} 영역이라는 사실이다. '무의식'은 이렇게 '의식'되지 않은 채로 우리의 삶을 강력하게 지배한다.

현재몽과 잠재몽

무의식에는 하나의 치명적 문제가 있다. 의식되지 않는 것이기에 그것이 무엇인지 논하는 것 자체가 불가능하다. '아는 것'^{의식}에 대해서는 논할 수 있지만, '모르는 것'^{무의식}에 대해서는 논할 수 없지 않은가? 영민한 프로이트는 무의식에 대해서 논할 수 있는 묘수를 찾아낸다. 꿈이다. 꿈은 묘하다. 분명 '무의식'의 영역이지만 동시에 '의식'의 영역이기도 하다. 어젯밤 꿈에 대해서 이야기한다는 것은 '무의식'을 '의식'한다는 의미 아닌가.

프로이트는 꿈이라는 매체를 통해 '무의식'을 '의식'화하려고 한다. 그런데 그 과정에서 프로이트는 두 가지 종류의 꿈이 있다는 것을 발견했다. 현재몽과 잠재몽.

현재몽은 흔히 우리가 꾸는 꿈이다. 잠재몽은 현재몽 속에 왜곡된 형태로 잠재해 있는 내용을 의미한다. 예를 들어 한 남자가 옆집 여자 앞에서 눈물을 흘리는 꿈을 꾸었다고 해보자. 이건 현재몽이다. 하지만 사실 그꿈은 옆집 여자와 섹스를 하고 싶다는 내밀한 욕망이 발현된 것일 수 있다. 옆집 여자에게 사정하고 싶다는 남자의 욕망이 눈물이라는 상징으로 왜곡되어 나타난 것일 수 있다. 이것이 잠재몽이다. 현재몽이 숨겨놓은 꿈의 진짜 내용.

프로이트에 따르면, 잠재몽은 '꿈의 작업'을 통해 변형되고 왜곡된 모습으로 나타난다. 그 이유는 잠재몽은 도덕적, 윤리적으로 스스로 용납하기 어려운 내용이기 때문이다. 잠재몽이 변형과 왜곡 없이 나타날 경우, 즉 옆집 여자에게 사정하는 장면이 그대로 꿈으로 나타날 경우, 그것을 감당하기 힘들 수 있다. 따라서 안정적인 수면과 같이 안정적인 삶을 유지하기 위해 잠재몽을 검열하고 왜곡시켜 현재몽으로 드러나게 한다.

바로 여기에 무의식에 관한 새로운 발견이 있다. 같은 무의식이지만 충동을 드러내는 무의식^{현재몽}이 있고, 동시에 그 충동을 억압하는 무의식^{잠재몽}이 있는 것 아닌가? 프로이트는 이처럼 무의식에 두 가지 층위가 있다는 것을 발견했다. 무의식이 정확히 무엇인지는 몰라도, 적어도 거기에 '억압되는 욕망'과 '억압하는 기제'가 동시에 존재한다는 사실만은 분명히 알게 되었다. 즉, 무의식에는 두 가지 층위가 있다는 사실을 드러낸 셈이다.

바로 여기서 '의식-무의식'이라는 도식이 변형된다. '억압되는 욕망'은 '이드'로, '억압하는 기제'는 '초자아'로 분화되고, '의식'은 자아라는 개념으로 자리 잡게 된다. 이런 과정을 거치면서 초기 프로이트의 '의식-무의식'이란 정신분석학의 이론적 도식이 '이드-자아-초자아'로 바뀌게 된다. 이로써 '이드-자아-초자아'라는 정신분석학의 이론적 틀이 완성된다.

자아, 이드, 초자아

프로이트는 인간의 마음은 '이드-자아-초자아'로 구성되어 있다고 보았다. 먼저 '이드'부터 알아보자. 이드는 쉽게 말해 욕구라고 할 수 있다. 인간의 신체로부터 기원하는 본능의 힘을 상징하는 게 이드다. 예를 들어 배고프면 먹고 싶고, 졸리면 자고 싶은 그런 욕구를 이드라고 할 수 있다. 아이가 태어날 때 이미 이드에 사로잡혀 있는 셈이다. '이드'는 "배고프니까 옆 사람 거 빼앗아 먹을 거야!"라고 외치는 마음이다.

'초자아'는 무엇일까? 초자아는 내 마음속에 울리는 (무언가를 금지하는) '부모'의 목소리라고도 할 수 있다. 사회적 질서, 규칙, 법들은 대부분 '부모'라는 존재에 의해서 훈육받았기 때문이다. '초자아'는 "먹지 마!"라고 금지를 외치는 마음이다. 프로이트는 초자아에 대해 이렇게 설명했다.

"자아와 초자아 사이 관계의 세부사항은 보통 아이의 부모에 대한 관계로 거슬러 올라감으로써 이해될 수 있다. 부모의 영향으로 작용하는 것은 부모의 개인적 존재만이 아니다. 부모에 의해 이어지는 가족, 인종 및 민족 전통의 영향과 부모가 대변하는 각각의 사회적 환경의 요구도 작용한다."

— 『정신분석학 개요』 중에서

그렇다면 '자아'는 무엇일까? 이드는 철저하게 신체적 쾌락을 쫓는다. 하지만 인간은 쾌락만을 쫓을 수가 없다. 현실을 고려해야 하기 때문이다. 이때 초자아는 쾌락 그 자체를 원천적으로 금지해버린다. "무조건 먹을 거야!"라는 이드에게 초자아는 "안 돼! 먹지 마!"라고 쾌락 자체를 금지해버린다. 이드만으로도, 초자아만으로도 살 수 없다.

자아는 이드와 초자아의 균형이다. 자아는 초자아의 금지를 받아들이면서, 동시에 이드를 타이르고 달래서 현실적인 방법으로 쾌락을 추구하게 만들어준다. 이드가 "배고파! 옆사람 거 빼앗아 먹을 거야!"라고 말하고, 초자아는 "하지 마! 그게 인간이 할 짓이냐!"라고 말할 때, 자아는 이렇게 말한다. "조금만 참아, 집에 가면 맛있는 거 먹을 수 있을 거야."
프로이트는 '자아-이드-초자아'의 관계에 대해서 이렇게 말했다.

"자아의 행위는 그것이 이드, 초자아 및 실재의 요구를 동시에 충족시킬 때, 따라서 이들의 요구를 서로 조화시킬 수 있을 때 올바른 것이다."

— 『정신분석학 개요』 중에서

인간은 성장하면서 외부 현실에 대해 알아가게 된다. 그 과정에서 욕망을 절충해 현실과 타협하게 된다. 바로 그 과정을 통해 '자아'가 자리 잡게 된다.

'자아'가 '이드'를 억압하는 것으로 이해하고 있는 경우가 종종 있다. 이는 프로이트를 잘못 이해하고 있는 것이다. 자아는 이드를 억압하는 게 아니라 오히려 합리적인 방법으로 이드의 욕구를 충족시켜 준다. 결국 자아는 이드를 만족시켜주니까. 그런 측면에서 '자아'는 '이드'의 변형이라고 볼 수 있다. 자아 덕분에 이드의 '무대뽀' 충동과 초자아의 '무조건' 금지에도 불구하고, 현실적 조건 아래서 쾌락을 누리며 살아갈 수 있는 셈이다.

프로이트가 철학자 혹은 인문주의자인 이유

프로이트는 직업적으로 보자면 정신과 의사다. 환자를 만나 치료하는 의사. 그런 그가 철학자의 반열에 오르고 인문주의자로 인정받는 것은 왜일까? 프로이트가 철학자의 반열에 오른 것은 그의 정신분석학적 업적이 근대철학의 물줄기를 크게 바꾸어 놓았기 때문이다.

데카르트 이후로 인간은 '이성'적 존재였다. 명료하고 투명한 의식을 가진 이성적 존재. 물론 많은 철학자들이 데카르트를 공격했다. 인간은 명료하고 투명한 의식을 가진 존재가 아니라고. 오히려 감정이나 욕망에 지배받는 존재라고.

하지만 데카르트를 향한 이런 공격은 대체로 합리적 추론이나 논리적 공격이었다. 다 알다시피 모든 합리적, 논리적 공격은 또 다른 합리와 논리로 봉쇄 가능하다. 그래서 데카르트는 긴 시간 굳건히 자신의 자리를 지켰다. 하지만 프로이트의 등장으로 데카르트의 철학은 사실상 해체되었다. 프로이트는 '논쟁'하지 않고 '보여주었기' 때문이었다. '검은 백조가 있느냐 없느냐?'를 두고 백날 논쟁해봐야 답이 없다. 그때 가장 좋은 방법은 검은 백조를 데려다 보여주는 것이다.

프로이트는 수많은 환자와의 상담을 통해 무의식을 발견했고, 그 무의식은 인간의 비합리성, 비이성적 부분을 여실히 보여주었다. 의식이 아니라 무의식의 지배를 받는 존재로서의 인간, 달리 말해 이성이 아니라 비이성적 존재로서의 인간을 보여주었다. 프로이트는 서양철학사에 새로운 전기를 마련한 셈이었다. 이것이 프로이트가 성신과 의사임에도 불구하고 철학자로 인정받는 이유다. 의학을 전공했음에도 불구하고 그는 이렇게 말한 적이 있다.

"젊었을 때 내가 갈망했던 유일한 것은 철학적 지식이었으며, 지금 의학에서 심리학으로 이동하면서 나는 그것을 획득하는 과정 중에 있다."

프로이트가 인문주의자로 인정받는 것은 왜일까? 이 사실을 알기 위해서는 먼저 프로이트 이전에 정신병에 대한 치료가 어떻게 이뤄지고 있었는지 알 필요가 있다. 당시 의사들은 정신병의 원인을 육체에서 찾았다. 그러니 그들은 당연히 육체에 어떤 조치를 취하면 정신병을 고칠 수 있다고 믿었다. 이런 믿음 때문에 환자에게 전기충격을 가하거나 감옥 같은 공간에 가둬두기도 했다. 육체에 특정한 자극 혹은 고통을 주어 정신병을 치료할 수 있다고 믿었던 까닭이다. 이 얼마나 반反인문적인가!

프로이트는 이런 야만적 치료를 거부했다. 그는 환자와 이야기를 나누고 자유롭게 머릿속에 떠오르는 연상되는 것을 말하는 과정을 통해 정신병을 치료할 수 있다고 보았다. 프로이트는 이런 과정을 통해 정신병은 육체에서 기원하는 문제가 아니라 정신 자체의 고유한 작동원리에서 기원한 문제임을 알아냈다. 그는 고문과 별반 다를 바 없었던 치료를 거부하고, 누구보다 인간적인 치료법을 발견해내었다. 이 얼마나 인문적인가!

인문주의자는 인간이라는 존재 자체를 긍정함으로써 인간을 사랑하는 사람 아닌가? 프로이트는 그런 사람이었다. 그에게 인간 존재 자체를 긍정하고 인간을 사랑하는 마음이 없었다면, 그가 남긴 방대한 정신분석학적 업적 역시 없었을 테다. 프로이트만큼 인문주의적인 사람도 드물다. 이것이 많은 비판에도 불구하고 지금까지 프로이트가 인문주의자로 인정받는 이유다.

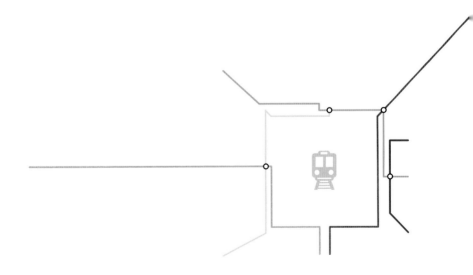

시간의 철학자

앙리 베르그송

베르그송은 프랑스의 철학자다. 그는 긴 시간 '공간' 중심으로 논의되던 서양철학을 '시간' 중심으로 옮겨놓았다. 이 점은 베르그송의 '있음'과 '없음'에 대한 논의에서 잘 드러난다.

'있음'과 '없음'은 언뜻 공간에 대한 논의인 것 같다. 방에 사과가 있다 혹은 없다고 인식하는 것처럼 말이다. 하지만 베르그송은 "없음은 있음보다 하나가 더 많다"라는 수수께끼 같은 말을 통해 공간에 대한 논의를 시간 중심으로 돌려놓는다.

공간 중심으로 보면, "있음은 없음보다 하나가 더 많다"고 말해야 옳다. 하지만 시간 중심으로 보면 분명 "없음은 있음보다 하나가 더 많다". 방에 사과가 '없다'는 것을 인식하려면 먼저 사과가 '있다'는 것을 인식해야만 한다. 원래 아무것도 없는 방 안에 있었던 사람에게는 사과가 없다는 인식도 없으니까 말이다.

Henri-Louis Bergson: 1859년 10월 18일~1941년 1월 4일

　베르그송을 통해 현실 자체의 본질은 공간이 아니라 시간이라는 통찰을 얻게 된다. 당대 자연과학의 업적들을 비판적으로 받아들인 베르그송은 자신만의 '시간'에 관한 통찰을 내놓게 된다. 이를 통해 거대한 생명과 진화의 형이상학을 완성했다. 베르그송은 생명 현상에는 창조적 진화나 생의 약동이 존재한다는 사실을 증명했다.

　주요 저서로는 『창조적 진화』, 『물질과 기억』 등이 있다.

시간

　베르그송에 대한 이야기는 '시간' 개념으로 시작하는 것이 좋겠다. 그는 시간을 두 가지 형태로 구분했다. '공간화된 시간'과 '지속'이다. 먼저 '공간화된 시간'이 무엇인지부터 알아보자. 이것은 우리가 일반적으로 의식하는 시간이다. 예를 들어 "영화 시작 시간이 30분 남았네"라고 말하는 것이 '공간화된 시간'을 의미한다. 이것이 왜 '공간화된 시간'인가? 공간이 없으면 파악되지 않기 때문이다.

　정말 그렇다. 영화 시작 시간까지 30분이 남았다는 것은 시계 속의 시침과 분침의 공간 분할에 의해서 파악된 것이니까. 우리는 '시간'의 흐름을 '공간적으로 파악하는 데 익숙하다. 어린 시절 살던 곳에 갔을 때 분명 시간의 흐름을 느낀다. 하지만 그것은 일종의 착시효과다. 없어진 놀이터, 새로 생긴 고층건물 같은 공간적 변화를 통해 시간의 흐름을 의식하게 된 것일 뿐이다. 베르그송은 진정한 시간은 결코 '공간화된 시간'일 수 없으며, 그것은 왜곡된 시간 개념이라고 말한다.

　그렇다면 베르그송에게 진정한_{순수한} 시간은 어떤 것일까? 베르그송에 따르면, 시간과 공간은 전혀 다른 것인데, 우리는 시간과 공간을 뭉뚱그리는 잘못 때문에 왜곡된 시간관념을 가지게 되었다. 즉, 진정한 시간은 시간에 들러붙은 공간의 표상을 완전히 제거해버린 시간이다. 베르그송이 진정한 시간을 '순수한' 시간이라고 말한 것도 그래서다. '공간화된 시간'에 들러붙은 공간을 제거해야만 '순수한' 시간을 얻을 수 있다.

지속

베르그송에 따르면, 진정한 그래서 순수한 시간은 '지속'^{durée}이다. 뭔가 찜찜하다. 이론적으로야 알겠지만, '지속'이 어떤 것인지 구체적으로 파악되지 않는다. 하긴 왜 안 그럴까. 이미 '공간화된 시간'에 너무 오랜 시간 익숙해져 버렸기에, 우리는 공간을 제거하고는 시간을 파악할 수 없게 되어버렸다. 마치 시계라는 '공간'이 없으면 '시간'을 파악할 수 없는 것처럼.

'지속'에 관한 베르그송의 이야기를 직접 들어보자.

"만약 내가 설탕물 한 컵을 만들려고 한다면 서둘러도 소용이 없고, 설탕이 녹기를 기다려야 한다. 이 작은 사실이 알려주는 바는 상당하다. 왜냐하면 내가 기다려야 하는 시간은, 물질계의 전체 역사에 걸쳐 적용되는 수학적인 시간이 아니다. 내가 기다려야 하는 시간은 나의 조바심, 즉 마음대로 늘이거나 줄일 수도 없는 나의 고유한 지속의 몫과 일치한다. 그것은 관념적인 것이 아니라 체험적인 것이다."

– 『창조적 진화』 중에서

'공간화된 시간'은 "물질계의 전체 역사에 걸쳐 적용되는" '수학적인 시간' 이라고 말할 수 있다. 반면 '지속'은 "설탕물이 녹기를 기다려야 하는" 체험적인 시간'이라고 말할 수 있다. 즉, '지속'은 "나의 조바심" 같은 체험된 시간이다. '수학적인 시간'은 동질성을 갖는다. 나와 타자의 시간이 일치하는 동질성. '수학적인 시간'은 단위로서의 시간이기에 양의 영역이다. 설탕이 물에 녹는 '수학적인 시간'의 '양'은 '동질'하다.

하지만 '체험적인 시간'^{지속}은 다르다. 이 시간은 다질성을 갖는다. 나와 타자의 시간이 같지 않은 다질성. '체험적 시간'은 질의 영역이다. 난해하게 들린다면, '직장의 시간'과 '연애의 시간'을 생각해보자. 같은 8시간을 각각 업무와 데이트로 보냈을 경우, 분명 그 둘의 '수학적 시간'은 동일하다. 하지만 '체험적 시간'은 전혀 다르다. '직장의 시간'은 "아직 점심시간도 안 됐어?"라며 한없이 더디 갈 것이고, '연애의 시간'은 "벌써 헤어질 시간이야?"라며 쏜살같이 지나갈 것이다. 하여, 베르그송은 '지속'을 이렇게 정의했다.

> "순수한 지속은 자아를 그 자체로 그냥 살아가게 내버려두고, 이전 상태에서 현재 상태를 분리하지 않을 때, 우리의 의식 상태들이 존재하기 위해 취하는 형식이다."
> – 『의식에 직접 주어진 것들에 대한 시론』 중에서

'연애의 시간'이 왜 '지속'인지 알겠다. '지속'은 연인을 만나 시간이 어찌 지나가는지도 모르게 되는, "자아를 그 자체로 그냥 살아가게 내버려"두었을 때의 의식상태라고 말할 수 있다. 베르그송은 이처럼 개별적으로 체험되는 시간이 '지속'이며, 이것이 바로 진정한, 순수한 시간이라고 말한다. 그에게 시간은 질적인 변화를 의미하는 것이지 양적인 변화를 의미하는 것은 아니다. 그래서 베르그송은 이 '지속'을 통해 질적인 차이가 만들어지고 그래서 존재자의 본성이 바뀌게 된다고 강조했다.

창조적 진화
베르그송의 지속 개념은 '공간화된 시간' 즉, 왜곡된 시간 개념을 벗어나

진정하고 순수한 시간 개념을 파악하는 데 도움을 준다. 그런데 베르그송의 '지속' 개념이 흥미로운 점이 하나 더 있다. 이 '지속' 개념으로 '진화'를 규명하려고 했다는 사실이다. 그는 지속을 통한 질적인 변화로 (자신의 주요 저서의 제목이기도 한) '창조적 진화'가 가능하다고 주장했다. 넓은 의미에서 '진화'는 질적인 변화를 의미하는 셈이다. 베르그송의 논의를 천천히 따라가 보자.

베르그송은 '지속'^{체험된, 질적인 시간}은 인간뿐만 아니라 동물, 식물, 사물 등 모든 존재자들의 본질이라고 주장한다. "설탕이 녹기를 기다려야 하는" 이유도 그래서다. 달달한 설탕물을 기다리고 있는 우리^{인간}의 '지속'도 있지만, 설탕도 자신 나름의 '지속'을 갖고 있기 때문이다. 다른 존재자들도 마찬가지다. 구름도 하얗게 하늘에 떠 있기 위한 '지속'이 있고, 나비도 날아오르기 위한 '지속'이 있다.

베르그송에 따르면, '지속'은 모든 존재자들의 본질이다. 그래서 모든 존재자들이 각자의 '지속'을 통해 창조적으로 진화하는 역동적인 변화 과정 속에 있다. 세상 만물, 아니 우주의 모든 존재자들은 각자의 지속을 통해 질적인 변화를 하고 그로 인해 창조적으로 진화한다는 것이 베르그송의 주장이다. "우주는 지속한다"라는, 베르그송의 난해하게 들리는 이야기도 이해가 될 것 같다. 생각해보면 정말 그렇지 않은가?

수증기의 '지속'을 통해 구름이 되고, 애벌레의 '지속'을 통해 나비가 된다. '지속'을 통한 이런 질적인 변화는 얼마나 창조적인 진화인가? 인간 역시 마찬가지다. 베르그송은 인간의 체험적인 시간, 즉 '지속'으로 인해 창조적 진화가 가능하다고 주장한다. 지속을 통한 질적인 변화가 '창조적 진화'인 셈이다. 어떻게 '지속'을 통해 창조적 진화가 가능할까? 구체적으로 알아보자.

시력이 없는 생명체가 있다. 이 생명체는 우리가 설탕물을 기다리는 것처럼, 간절하게 세상을 보고 싶다는 '지속'의 시간을 보낸다. 여기저기 부딪히고 상처 입는 지속 끝에, 어떤 생명체는 눈이라는 기관이 형성되고, 또 어떤 생명체는 더듬이라는 기관이 형성된다. 또 어떤 생명체는 초음파를 쏘는 귀라는 기관이 형성되기도 한다. 각각의 생명체는 각자의 지속을 통해 세상을 보고 싶다는 욕망을 실현하는 쪽으로 진화한다. 지속은 이렇게 질적인 변화를 일으킨다.

지속과 창조적 진화는 우리에게 많은 질문을 던진다. 우리는 어제보다 질적으로 더 나은 진화된 삶을 살고 싶지만 좀처럼 그러지 못한다. 왜 그런가? 우리는 '지속'하기보다 '공간화된 시간' 속에서 양적인 변화에 집착하기 때문이다. 음악을 듣고 시와 소설을 읽으며 '지속'하기보다, 영어회화를 듣고 전공서적을 읽으며 '공간화된 시간'에 매몰되어 있다. '지속'되는 연애보다 '공간화된 시간'을 보내는 직장에 집착한다.

그 때문에 우리는 어제와는 질적으로 변화된 성숙한 존재로 진화하지 못하는 것이고, 어제보다 더 아름다운 사랑을 주고받을 수 있는 존재로 진화하지 못하는 것이다. 어제와 같은 삶을 반복하는 삶을 살고, 그보다 조금 더 나아봐야 돈을 더 많이 버는 존재로 양적인 변화를 할 수 있을 뿐이다. 창조적으로 진화하는 '더 나은' 삶은 '수학적인 시간'에 매몰된 이들에게는 애초에 요원하다. 그들은 언제나 시간을 아껴 써야 한다는 강박으로 인해 질적인 변화를 잉태할 '지속'을 거부할 테니까.

이것이 우리가 공간화된 수학적 시간 너머, '지속'이라는 진정한 시간 속에서 삶을 살아가야 하는 이유다. '지속'하는 삶만이 창조적으로 진화하는, '더 나은 삶'으로 가는 거의 유일한 열쇠다. 이제야 베르그송이 우리에게 그리도 당부했던 말이 이해가 된다.

"지속 자체를 관통하라!"(Pénétrer dans la durée même!)

베르그송이 지성에 반대한 이유?

　베르그송의 철학을 흔히, '반지성주의'라고 말한다. '반지성주의'는 말 그대로 지성주의에 반대한다는 의미다. 의아하다. 베르그송뿐만 아니라 철학자는 당대에 가장 지성적인 사람 아닌가? 그런 철학자가 지성을 반대한다니? 베르그송의 철학은 왜 '반지성주의'일까? 이것은 베르그송의 '직관'이라는 개념과 관계되어 있다.

　먼저 베르그송이 '지성'을 어떻게 정의했는지부터 알아보자. 베르그송은 '지성'과 '본능'을 구분한다. 지성은 한 사물을 다른 사물과 분리해서 보는 능력이다. 이렇게 한 사물과 다른 사물을 분리해서 보기 위해서는 분류하고 분석해야 한다. 즉, '분류'와 '분석'을 통한 수학적, 논리적, 과학적 사고 능력이 바로 지성이다. '본능'은 알다시피 사람 혹은 동물이 가진 특유의 행동능력이다.

　그렇다면, '직관'은 무엇일까? 베르그송은 직관은 '지성'이 아닌 '본능'과 관계되어 있다고 말한다. 베르그송은 직관을 이렇게 정의했다.

　"직관은 사심 없이 자기를 의심하고 대상을 반성하면서 무한히 확장할 수 있는 본능을 의미한다."

쉽게 말해, 최고 상태에 이른 본능이 직관이다. 또한 베르그송은 지식은 상대적 지식과 절대적 지식의 두 가지가 있다고 말한다. 상대적 지식은 어떤 대상이 특정한 관점에 의해서 피악된 지식이고, 절대적 지식은 어떤 대상 그 자체가 온전히 파악된 지식이다.

베르그송에 따르면, '지성'은 상대적 지식을 파악할 수 있을 뿐이고 절대적인 지식은 오직 '직관'에 의해서만 파악 가능하다. 베르그송의 철학을 '반지성주의'라고 말하는 이유를 알겠다. 삶과 자연을 있는 그대로 파악할 수 있게 해주는 능력인 '직관'은 지성이 아니라 본능에서 온다. 하지만 근대의 지성 만능주의는 우리의 본능을 억압하기 때문에 점점 '직관'이 사라져가게 만든다. 그러니 베르그송의 철학이 어찌 반지성주의를 표방하지 않을 수 있을까? 베르그송의 '직관'과 '철학'에 대한 이야기를 이제 이해할 수 있다.

"철학은 대상을 점점 멀리 비춰주는, 사라져가는 직관들을 사로잡아 우선 그것들을 지탱하고 다음에 그것들을 확대하여 상호 일치시켜 주어야 한다. 이런 작업을 밀고 나갈수록 철학은 직관이 정신 자체이며, 어떤 의미에서는 생명 자체임을 더욱더 잘 깨닫게 된다."

– 『창조적 진화』 중에서

프로이트의 계승자

자크 라캉

라캉은 철학자이자 정신분석가다. "프로이트로 돌아가자!" 미국의 정신분석학계가 프로이트의 정신분석학을 생물학적으로 환원하려는 것에 대해 반대하며 라캉이 외친 구호다.

라캉은 프로이트로 돌아가서 정신분석학의 인문학적 정신을 복원하려고 노력했다. 라캉은 프로이트의 계승자로 알려져 있지만, 프로이트에 머무른 것은 아니다. 프로이트부터 이어져 온 정신분석학의 질적 변화를 이끌었다.

라캉은 프로이트로 대표되는 정신분석학의 무의식을 규명하기 위해 소쉬르로 대표되는 구조주의 언어학의 개념과 이론을 끌어들였다. 이로써 라캉의 정신분석학은 프로이트나 기존 프로이트주의자들의 정신분석과는 전혀 결이 다른 새

셋째주

월 / 화 / **수** / 목 / 금

지그문트
프로이트

앙리
베르그송

**자크
라캉**

루이
알튀세르

장 폴
사르트르

Jacques-Marie-Émile Lacan: 1901년 4월 9일~1981년 9월 9일

로운 방향으로 나아가게 된다. 이러한 사실은 라캉의 가장 기본
적인 명제, "무의식은 언어처럼 구조화되어 있다"에서 분명히 드
러난다. 라캉은 이렇게 프로이트의 정신분석학에 소쉬르의 구
조언어학을 접목함으로써 독특한 자신의 사유를 전개했다.

저서로는 『에크리』 등이 있다.

욕구, 요구, 욕망

라캉은 '욕망' 개념에 대한 이해로 시작하는 것이 좋겠다. 일반적으로 욕망은 '~원하다'라는 의미를 가진다. 라캉의 '욕망' 개념 역시 이런 의미를 갖지만 조금 더 복잡하다. 라캉의 '욕망'을 이해하기 위해서는 '욕구'와 '요구'에 대해서 알 필요가 있다.

'욕구'need부터 알아보자. '욕구'는 식욕이나 성욕, 수면욕 같은 일차적인 충동이다. '욕구'는 만족을 추구하며 그 만족을 줄 대상을 찾고자 하는 충동이다. 섹스할 상대를 찾고자 하는 충동이 성적 '욕구' 즉 성욕이다. '요구'demand는 뭘까? 쉽게 말해, '요구'는 '욕구'를 표현하는 수단이다. 인간은 '욕구'가 있을 때 다른 사람에게 만족시켜 달라고 '요구한'다. 즉, '요구'는 '욕구'의 표현이다. 예를 들어, '성욕'은 '욕구'이고 "섹스해 줘"는 '요구'인 셈이다.

그렇다면 '욕망'desire은 무엇일까? 먼저 해야 할 질문이 있다. '욕구와 요구 중 어느 것이 더 클까?' 답은 어렵지 않다. 항상 '욕구'가 크다. 우리는 언제 어떤 경우라도 '욕구'만큼 '요구'할 수 없다. 사회·문화적으로 수많은 '요구'가 금지되기 때문에 받아들여지는 범위 안에서 '욕구'를 '요구'할 수 있다. 성욕이라는 '욕구'가 있다고 해서, 아무 장소에서 아무에게나 그 '욕구'를 '요구'할 수는 없다. 욕구는 요구를 통해 표현되고 충족되어야 하는데, 문제는 그 충족이 언제나 불충분하다는 것이다.

'욕구-요구' 사이에는 결코 메울 수 없는 간극이 있다. 바로 여기서 '욕망'이 출현하게 된다. 달리 말해 '욕구-요구' 사이의 격차로 인해 욕망이 발생한다. 예를 들어보자. 배고픈 아이가 있다. 아이는 "초콜릿 케이크 줘"라고 엄마에게 그 욕구를 요구했다. 하지만 엄마는 "살쪄서 안 돼"라고 했다. "그럼 밥이라도 줘." 아이는 현실적 조건 때문에 타협해서 '욕구'를 '요구'했다. 아이는 다행히 식욕^{욕구}은 만족시켰다.

하지만 아이가 느낀 그 만족은 근본적이고 완전한 것이 아니다. 아이가 애초에 원했던 것은 밥이 아니라 초콜릿 케이크였으니까. 그래서 아이는 밥을 먹어서 배가 부르지만 초콜릿 케이크를 먹는 상상을 하게 된다. 바로 이 상상을 '욕망'이라고 할 수 있다. 욕망은 단순히 '~원하다'가 아니다. '욕구'를 '요구'하면서 필연적으로 나타나는 어떤 결핍 때문에 발생한 상상 속의 '~원하다'가 바로 라캉이 말한 '욕망'이다.

욕망의 환유연쇄

욕망에는 심각한 문제가 하나 있다. 결핍으로 인해 발생한 이 상상^{욕망}이 끊임없이 이어지고 확장된다는 점이다. 밥으로 배를 채운 아이는 초콜릿 케이크를 먹는 욕망에 사로잡힌다. 아이의 욕망은 거기서 여기서 멈출까? 아니다.

초콜릿 케이크에 대한 욕망은 티라미수 케이크 혹은 초대형 케이크에 대한 욕망으로 이어지고 확장된다. 그렇게 이어지고 확장된 욕망은 급기야 제과점을 차리고 싶다거나 제빵사가 되고 싶다는 욕망으로 이어지고 확장된다. 심지어 그 아이는 제빵사를 치료하는 의사가 되고 싶다거나 제빵사와 결혼하고 싶다는 욕망에 사로잡힐 수도 있다. 이렇게 끊임없이 이어지고 확장되는 욕망의 흐름을 '욕망의 환유연쇄'라고 한다.

그런데 의문이 생긴다. 욕망의 연쇄인 것은 알겠지만, 왜 '환유'연쇄인 걸까? '환유'는 특정한 개념의 인접을 통해 단어의 의미를 확장할 때 사용하는 비유의 일종이다. 예를 들어 영화업계를 '충무로 바닥'으로, 한국 민족을 '백의민족'으로 표현하는 것이 환유적 표현이다. 마찬가지로 '책'이라는 단어에서 '지식', '지혜', '선생', '학교' 등을 떠올리는 것을 환유적 사고라고 한다.

환유는 종종 '은유'와 혼동되곤 한다. 은유는 '인접'한 게 아니라 '유사'한 단어를 통한 비유다. '책'이라는 단어를 통해 '신문' '편지' 등의 유사한 단어를 떠올리는 것이 은유적 사고다.

라캉은 욕망의 연쇄가 환유적 방식으로 일어난다고 말한다. 어떤 단어를 통해 그에 인접해 있는 다른 단어를 떠올리듯이 욕망이 환유적으로 이어지고 확장된다는 것이다. 이제 초콜릿 케이크를 욕망했던 아이가 제빵사와 의사를 욕망하게 되는 이유를 알 수 있다. 케이크를 만드는 사람이 흰옷을 입고 있어서 의사를 떠올리게 되는 환유적 사고를 통해 욕망이 이어지고 확장되는 것이다.

이렇듯 환유적 사고는 당사자에게는 일정한 체계 안에서 정합적인 논리로 전개된다. 하지만 제3자의 입장에서는 터무니없는 무체계한 추론처럼 보인다. 제빵사에서 의사를 떠올리는 것은 어떤 개연성도 없는 억지 논리 같아 보이지 않는가. 이것이 라캉 혹은 그의 정신분석학이 종종 비과학적이고 비합리적이라는 오해를 받는 이유이기도 하다.

한 사람의 욕망의 환유연쇄는 제3자들이 보기에는 논리적 추론이 불가능하다. 당연히 비과학적이고 비합리적으로 보인다. 하지만 당사자의 무의식 속에서 진행되는 욕망의 환유연쇄는 일정한 체계를 갖고 있다. 환유적 사고는 그 체계를 따라 논리적으로 진행된다.

"무의식은 언어처럼 구조화되어 있다."

라캉의 유명한 이 말도 같은 맥락이다. 무의식이 혼란스럽고 무체계한 것이 아니라 우리가 사용하는 언어처럼 체계화되어 있다는 의미다.

신경증

여기서 질문. 욕망은 만족될 수 있을까? 거의 불가능하다. 욕망의 환유연쇄가 일단 진행되면 욕망은 끊임없이 이어지고 확장되기 때문이다. 초콜릿 케이크를 원했던 아이는 초콜릿 케이크를 먹어도 대형 케이크를 욕망한다. 또 대형 케이크를 먹어도 욕망은 해소되지 않는다. 제빵사와 의사에 대한 욕망으로 확장되어 버렸기 때문이다. 이런 의미에서 욕망은 '결핍'이라고 할 수 있다. 이어지고 확장된 욕망은 결코 만족될 수 없기에 늘 결핍될 수밖에 없다.

대부분의 인간은 이런 '결핍'에서 벗어날 수 없다. 라캉은 이 원형적 욕구의 금지로 인해 발생한 결핍 때문에 인간은 '신경증'에 시달리게 된다고 말한다. 예외적인 경우가 아니라면, 이 글을 읽고 있는 사람들은 대체로 '신경증'자일 테다. 불편해하거나 낯설게 느낄 건 없다. 놀랍게도 라캉에게 '정상인'은 애초에 존재하지 않으니까.

라캉에 따르면, 모든 인간은 '정신병', '도착증', '신경증'이라는 세 가지 임상 구조 중 반드시 하나에 속한다. '정신병'과 '도착증'은 매우 적은 수로 존재하며, 이들은 정말 평균을 벗어난 정신상태라고 할 수 있다. 그나마 그중에서 가장 정상인에 가까운 임상 구조가 '신경증'이다. '신경증'은 다시 세부적으로 '강박증', '히스테리', '공포증'으로 구분된다. 여기서는 '강박증'과 '히스테리'에 대해서 알아보자.

강박증

강박증의 '강박'은 우리가 일상생활에서 사용하는, 어떤 생각이나 사물에 집착하는 상태를 의미하는 건 아니다. 난해한 라캉의 이야기를 비교적 쉽게 설명한 '브루스 핑크'의 『라캉과 정신의학』이란 저서를 들춰보자

"강박증자는 대상을 자기 자신의 것으로 간주하며, 타자의 욕망과 그 존재를 인정하지 않는다. …… 그(강박증자)에게 상대방은 대체 가능하고 교환 가능한 것일 뿐이다."

강박증자는 상대를 자신의 것으로 간주하며 그 대상의 욕망과 존재를 인정하지 않는다. 따라서 그 대상은 대체 가능하고 교환 가능한 것이다. 쉽게 말해, 강박증자의 구호는 "내 맘대로 할 거야!"다. 강박증자는 자기의 욕망만 중요하게 생각하며 타인의 욕망은 인정하지 않는 존재다. 강박증자는 타인의 감정이나 기분을 섬세하게 살피려 하기보다 자신의 욕망을 피력하고 관철시키기에 바쁘다.

라캉은 "남성은 대부분 이 강박증에 지배된다"라고 말한 바 있다. 이는 전통적으로 여성보다 남성이 강박증적 성향이 강해서일 게다.

히스테리

정신분석학의 개념인 '히스테리' 역시 일상적인 의미인, '짜증'이나 '신경질'과는 그 의미가 조금 다르다. 다시 '브루스 핑크'의 『라캉과 정신의학』으로 돌아가자.

> "히스테리 환자는 강박증자처럼 대상을 자기 자신을 위한 것으로 간주하기보다 타자가 무엇을 욕망하는지 알아내려 한다. 그녀는 스스로 타자의 욕망을 지속시킬 수 있는 특정한 대상이 되려고 한다."

히스테리는 강박증의 반대구조다. 히스테리 환자는 상대가 무엇을 욕망하는지 알아내려고 하고, 자신이 그 상대가 욕망하는 특정한 대상이 되려고 한다. 쉽게 말해, 히스테리 환자의 구호는 "네 맘대로 해"다. 히스테리 환자는 자신의 욕망보다 언제나 상대의 욕망에 집중한다. 히스테리는 결국 상대의 욕망에 나를 맞추려는 신경증적 증세다. 라캉은 "여성은 히스테리의 지배를 받는다"라고 말한 바 있다. 이 역시 전통적으로 남성보다 여성이 상대의 욕망에 자신을 맞추려는 신경증적 증상의 지배를 받는 경우가 많아서일 테다.

"성관계란 없다!"

"성관계란 없다!" 라캉이 자주 강조했던 말이다. 성性은 긴 시간 금기시되어 온 탓에 과도하게 은폐된 측면이 있지만, 어쨌든 삶의 일부다. 달리 말해, 섹스는 남녀 사이에 일상적으로 존재한다. 그런데 섹스가 없다니? 난해하게 들리지만, 강박증과 히스테리 개념을 알고 있는 우리는 쉽게 이해할 수 있다.

예외적인 경우가 아니라면, 섹스는 남녀 사이에 이루어지는 관계다. 그러니 먼저 남자와 여자의 섹스에 대해서 정신분석학적으로 생각해보자.

라캉이 말했듯이, 남자는 대부분 강박증에 지배된다. 강박증자에게 "상대방은 대체 가능하고 교환 가능한 것일 뿐이다." 강박증자는 실제로 옆에 누워있는 여자를 거부하고 자신이 욕망하는 환상의 대상과 섹스를 한다. 왜? 그래야 상대를 대체 가능하고 교환 가능한 것으로 만들 수 있다고 여기기 때문이다.

그럼 여자는 어떨까? 라캉에 따르면 여자는 대부분 히스테리에 지배된다. 히스테리증자는 "스스로 타자의 욕망을 지속시킬 수 있는 특정한 대상이 되려고 한다." 히스테리증자는 섹스할 때 함께 있는 상대의 옆이 아니라 다른 곳에 있다고 상상한다. 왜? 그래야 상대방의 욕망을 유지할 수 있다고 여기기 때문이다. 따라서 강박증자인 남자혹은 여자와 히스테리증자인 여자혹은 남자 사이의 섹스는 육체적으로 가능할지 몰라도 정서적으로는 불가능하다.

섹스가 무엇인가? 그건 서로가 상대의 실존 전체를 나누는 행위 아닌가. 육체와 정서 모두를 껴안으며 나누는 행위가 섹스다. 그런데 강박증자는 자신이 욕망하는 환상의 대상과 섹스하고, 히스테리증자는 자신이 다른 곳에 있다고 여기며 섹스를 한다. 이 두 신경증자의 섹스는 육체적 관계를 맺더라도 진정한 의미의 섹스라고 말할 수 없다. 라캉의 "성관계란 없다!"라는 말은 그런 의미다.

라캉이 "인간은 타자의 욕망을 욕망한다"라고 말한 이유

"인간은 타자의 욕망을 욕망한다."

라캉의 말이다. 무슨 말인가? 쉽게 말해, 내가 원하는 것이 사실은 내가 원하는 것이 아니라 타인이 원하는 것이란 말 아닌가? 라캉에 따르면, 우리가 무엇인가를 욕망할 때, 그것을 내 의식이라고 믿지만 사실은 이미 내 무의식 속에 자리 잡은 타자의 욕망이 발현된 것일 뿐이다.

예를 들어보자. 한 남자가 있다. 그는 빨간색 스포츠카를 사고 싶어 한다. "그 차를 왜 사고 싶어요?"라고 묻자, 남자는 "제 스타일이에요"라고 답한다. 즉, 그 차가 자신의 욕망의 대상이라는 것이다. 정말 그럴까? 아니다. 그 남자가 그 차를 원하는 이유는 다른 사람들도 그것을 원한다는 것을 알고 있기 때문이다. 즉 타인의 욕망이 그 남자의 무의식에 각인되었기에 빨간색 스포츠카가 사고 싶은 것일 뿐이다.

그 남자뿐만 아니다. 우리의 욕망은 우리 것이 아니다. 내가 원해서 공부한다고 믿지만, 사실 그건 부모의 욕망 아니었던가. 내가 좋아서 하이힐을

신는다고 믿지만, 사실 그건 대다수 남자들의 욕망 아니었던가. 내가 원해서 돈을 번다고 믿지만, 사실 그건 세상 사람들의 욕망 아니었던가.

이처럼 우리가 의식적으로 무엇인가를 원한다고^{욕망한다고} 믿지만 사실 그건, 누군가의 욕망의 무의식적 발현일 뿐이다.

라캉의 욕망은 먹고, 자고, 싸는 생물학적 충족욕이 아니다. 그건 욕구일 뿐이다. 타자로부터 '사랑의 대상'으로 인정받고 싶은 것, 그것이 라캉의 욕망이다. 이제야 라캉이 "인간은 타자의 욕망을 욕망한다"고 말한 이유를 알겠다. 우리가 누군가의 욕망을 내면화하고 그 욕망에 따를 때라야 그 누군가에게 사랑받을 수 있기 때문이다. 명품 백, 스포츠카, 명문대, 많은 돈을 욕망하는 삶은 결국, 타인의 욕망에 갇힌 삶일 뿐이다. 타인의 욕망을 욕망할 수밖에 없는 인간이란 존재는, 생각해보면 참 서글픈 존재다.

마르크스를 다시 살려낸 철학자

루이 알튀세르

알튀세르는 마르크스의 사유에 '철학'을 불어넣으려 했던 프랑스 철학자다. 마르크스가 꿈꾸었던 세상은 인간이 해방된 세상이다. 하지만 마르크스의 사유는 억압적인 국가사회주의에 의해 오용되고 착취당하는 일들이 종종 발생했다. 국가사회주의자들은 마르크스의 말을 빌려 "세상이 일단 공산화되면 모든 문제가 해결된다. 그러니 지금은 군소리 말고 시키는 대로 하라"라고 주장했다.

알튀세르는 이런 억압과 폭력의 근간에 목적론적 사유가 있다고 보고 그것을 해체하려고 한다. 그 과업을 완성하기 위해 알튀세르는 스피노자, 루소, 마키아밸리 등의 사유를 통해 마르크스를 재해석하는 작업을 진행한다. 마침내 그는 마르크스에게 '철학', 즉 반-목적론적인 '마주침의 유물론'을 돌려주며 자신이 소명으로 삼았던 과업을 완성하게 된다. 같은 맥락에서 그는 『이데올로기와 이데올로기적 국가장치』라는 논문을 통해 오해의 소지가 있

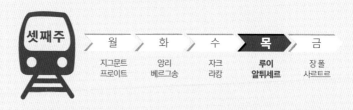

Louis Pierre Althusser: 1918년 10월 16일~1990년 10월 23일

었던 국가에 대한 고전적 마르크스주의의 해석을 넘어설 틈을 만들어냈다. 동시에 그 논문을 통해 인간은 자율적 의지를 가진 존재라기보다 구조에 갇힌 존재라는 주장을 함으로써, 주체에 대한 세계적인 논의 지형을 완전히 바꿔놓았다.

철학적 업적과 별개로 삶은 불행했다. 평소 앓던 조울증 증세가 악화되어 1980년에 자신의 아내를 목 졸라 살해하는 비극적인 범죄를 저질렀다. 이 때문에 그는 1990년에 죽을 때까지 강의나 출판과 같은 사회적 발언권이 전면 금지되었다.

주요 저서로는『마르크스를 위하여』,『철학에 대하여』,『이데올로기와 이데올로기적 국가장치』논문 등이 있다.

표상체계

알튀세르 철학을 이해하기 위해 먼저 '이데올로기'라는 개념을 알아보자. 이 난해한 개념을 파악하기 위해서는 '표상체계'라는 개념부터 파악해야 한다. '표상'은 'representation'이다. "프레젠테이션presentation 해봐"라는 말은 "발표보여주기해봐"라는 의미다. 그러니까, 're'-presentation은 '다시 보여주다'라는 의미다. 즉 '표상'representation은 '다시 보여주다', '재현하다' 혹은 '대표하다'라는 의미를 갖는다.

쉽게 말해, '표상하다'라는 말은 '눈앞에 떠올린다'는 의미다. '가위'란 말을 듣고 ✂를 떠올리거나, ☂을 보고 '우산'이라는 단어를 떠올리는 것이 '표상'이다. '대상-사물'의 관계뿐만 아니라 더 나아가 '대상-대상', '사물-사물'을 떠올리는 것도 표상이다. 예컨대, ✏을 보고 🖎 혹은 '글쓰기'를 떠올리는 것도 표상이고, '연필'이라는 단어를 보고 🖎 혹은 '글쓰기'를 떠올리는 것도 '표상'이다.

이제 '표상체계'가 무엇인지 알 것도 같다. 표상은 단어를 통해 사물을 눈앞에 재현하는 것 혹은 사물을 보고 그에 상응하는 단어를 머릿속에 재현하는 것, 더 나아가 어떤 사물혹은 단어을 통해 직접 상관없어 보이는 다른 사물혹은 단어을 머릿속에 재현하는 것이다. 표상체계는 이런 재현을 가능하게 하는 체계다. 즉, 무엇인가를 머릿속에 떠오르도록 해주는 개념이나 상상, 판단을 가능하게 하는 체계가 '표상체계'다.

'표상체계'는 우리네 삶에 깊숙이 개입해 있다. 더 정확히 말하면, 표상체계가 없다면 삶 자체가 유지되지 않는다. '책-읽는 것', '체육관-운동'이라는 표상체계가 없다면, 책을 먹으려 하고 체육관에서 책을 읽으려고 할지도 모른다. 아기들이 책을 입에 넣으려 하거나 도서관에서 떠드는 이유는 특정한 표상체계가 아직 구성되지 않았기 때문이다.

우리가 어떠한 행동·사고·판단을 하건 그것은 반드시 특정한 표상체계 안에서 진행된다. 또 우리가 일관된 행동·사고·판단 양식을 유지할 수 있는 것도 표상체계 덕분이다.

표상체계에는 중요한 두 가지 특징이 있다. 집단성과 무의식이 그것이다. 표상체계는 개인차가 있지만 대체로 집단적으로 유사한 구조를 갖는다. 한국에서는 교수가 수업을 할 때 다리를 꼬고 앉아서 음료수를 마시는 학생은 거의 없다. 하지만 서구의 많은 국가들에서는 자연스럽다.

이런 차이가 발생하는 이유는 표상체계가 주위 집단 사람들에 의해서 형성되는 까닭이다. 표상체계가 가정이나 학교, 직장 같은 특정한 제도적 장치 속에서 만들어질 수밖에 없는 이유도 그래서다. 누구든 자신이 속한 집단에 따라 그에 걸맞은 표상체계를 갖게 된다.

표상체계의 또 하나의 특징은 무의식적이라는 데 있다. 표상체계는 무의식적으로 작동한다. 쉽게 말해, '여기는 한국이고 나는 학생이니까 교수가 수업할 때는 다리를 꼬고 앉거나 콜라를 마셔서는 안 돼'라고 의식적으로 생각하는 게 아니라는 뜻이다. 특정한 표상체계가 일단 구성되면 무의식의 영역에서 작동한다. 어느 남성의 출근길을 생각해보자. 그는 '나는 남자니까 바지를 입고, 한국인이니 김치를 먹고, 직장인이니 서류가방을 챙겨서 집을 나선다'라며 의식적으로 판단하고 행동하지 않는다. 그 모든 것이 무의식적이다.

이데올로기

이제 이데올로기라는 개념을 이해할 준비가 되었다. 먼저 알튀세르의 말을 직접 들어보자.

"이데올로기는 개인들이 자신들의 현실적 존재 조건들과 맺는 상상적 관계의 '표상'이다."
– 『이데올로기와 이데올로기적 국가장치』 중에서

알튀세르는 이데올로기에 대해 "개인들이 자신들의 현실적 존재 조건들과 맺는 상상적 관계의 표상"이라고 말하고 있다. 난해하니 예를 들어 설명해보자.

무난하게 돌아가던 한 회사가 있다. 갑자기 물량 주문이 쏟아져 업무가 많아졌다. 야근을 해야 하는 상황이 되었지만 여직원들은 여러 가지 사정상 정시에 퇴근할 수밖에 없었다. 이에 대해 직원 A는 여직원들을 비난하며 '직업의식이 없다', '동료의식이 없다', '이건 역차별이다'라고 주장했다.

여직원의 '동료의식 없음', '직업의식 없음' 혹은 '역차별'은 A의 이데올로기다. 어떤 이데올로기인가? '남-여'를 중심에 둔 이데올로기. 이것은 A가 남녀로 구분해서 세상을 보려는 현실적 존재 조건들과 관계를 자주 맺었기 때문이다. 놀랍게도 A의 현실인식은 현실에 기반한 것이 아니라 "상상적 관계의 표상"일 뿐이다. 그래서 이데올로기다. 이제 의문이 든다. 다른 이데올로기를 가진 사람은 같은 현실을 어떻게 해석할까?

직원 B가 있다. 그는 같은 현실을 다르게 보았다. A가 여직원과 관련된 것을 문제 삼을 때 B는 이렇게 말했다.

"그게 왜 여직원들 탓이야? 사장이 물량이 늘어난 만큼 직원을 더 채용하면 애초에 일어나지 않았을 문제 아니야?"

그러니까 B는 여직원이 아니라 사장의 탐욕이 문제라고 보았다. B는 '자본가-노동자'를 중심에 둔 이데올로기를 갖고 있다. B가 그런 이데올로기를 갖게 된 건, 자본가-노동자와의 관계로 세상을 바라보려는 현실적 존재들과 긴 시간 관계를 맺었기 때문이다.

이처럼 이데올로기는 각자에게 주어진 표상체계다. 알튀세르는 "세상 사람들은 이데올로기 속에서 무의식적으로 판단하고 행동한다"라고 말한다. 아울러 누구든 이데올로기 없이는 자신이 서 있는 자리가 어디이고, 거기서 무엇을 해야 하는지 알 수 없다고 말한다. 그래서 알튀세르는 "이데올로기가 없는 사회는 없다"라고 단언했다.

중요한 것은 이데올로기가 객관적 현실이 아니라 본질적으로 현실에 대한 상상적 체험이라는 사실이다. 즉 이데올로기는 있는 그대로의 현실이나 현실관계를 보여주는 것이 아니라 '이럴 것이다'라고 당연시되는 방향에서 상상적으로 변형된 관계를 보여준다. 이에 대해 알튀세르는 이렇게 말했다.

> "우리가 이데올로기에서 발견하는 표상, 즉 세계에 대한 상상적 표상 속에 반영되어 있는 것은 인간들의 존재 조건들이고, 따라서 그들의 현실적 세계이다."

이데올로기는 이중적 구조를 갖는다. 그것은 상상이지만 현실이다. 이데올로기는 세계에 대한 상상적 표상이지만, 각각의 개인들에게는 그것이 현실적 세계니까 말이다. 쉽게 말해 사람들은 상상적 표상 속에서 살면서 각자의 삶에서 현실적 세계라고 받아들인다는 말이다.

예를 들어 B가 A에게 이렇게 말했다고 가정해보자. "자본가와 노동자의 관점에서 생각해봐. 넌 현실을 못 보고 있는 거야." A는 자신의 생각^{이데올로기}이 현실에 기반한 것이 아니라 현실에 대한 상상적 체험이라는 사실을 받아들일까? 극히 예외적인 경우가 아니라면 그런 일은 일어나지 않는다. 어쩌면, A와 B는 결론 나지 않을 언쟁을 시작하게 될지도 모르겠다.

비유하자면, 이데올로기는 각자가 쓴 안경이다. 빨간 렌즈의 안경을 쓴 사람은 모든 세상이 빨갛다고 믿고, 파란 렌즈의 안경을 쓴 사람은 모든 것이 파란 것이 현실이라고 믿는다. 이데올로기라는 안경을 쓴 인간은 각자의 렌즈 색깔로 인해 허구적 사실을 현실이라 믿게 된다. 오해되고 왜곡된 "상상적 표상"은 그렇게 "현실적 세계"가 된다. 알튀세르의 이데올로기를 통해 우리 사회에 뿌리 깊은 오해와 끝없는 논쟁의 근원이 어디인지 알게 된다.

알튀세르가 "무릎 꿇고 기도하라, 그러면 믿을 것이다"라고 말한 이유

"무릎 꿇고 기도하라. 그러면 믿을 것이다."

신이 해체된 근대에 다시 신을 불러들이기 위해서 파스칼이 했던 말이다. 신을 믿기에 무릎을 꿇고 기도하는 것이 아니라, 무릎을 꿇고 기도하면 신을 믿을 수 있다는 뜻이다. 여기서 흥미로운 지점은, 몇백 년이 지난 후 알튀세르가 파스칼의 이 말을 다시 인용했다는 점이다. 알튀세르 역시 신이 중심이었던 중세로 돌아가고자 했던 것일까? 아니다. 알튀세르는 이데올로기가 어떻게 구성되는지 논증하고자 파스칼의 말을 인용했다.

"이데올로기는 단순한 관념이 아니라 물질적인 효과를 갖는 물질적 존재이며, 물질적 장치를 통해 존재한다."

제도화된 물질적 장치와 거기서 행해지는 특정한 방식의 실천을 통해 이데올로기가 존재하고 작동한다는 의미다. 교회^{물질적 장치}에 나가서 손을 모아 기도하는 실천을 해야 신^{이데올로기}을 믿게 되는 것처럼, 이데올로기 역시 마찬가지라고 말한다. 여기에 절망과 희망이 교차한다. '어떤 물질적 장치 속에서 살아왔느냐'에 따라 우리의 이데올로기가 정해진다.

이것은 누군가에게는 절망일 수 있다. 정당한 노동을 하면서 사장의 눈치를 보는 이유가 뭘까? 자본가적 이데올로기를 정당화하는 물질적 장치^가정, 학교, TV 속에서 그에 합당한 실천^{공부, 대화, 교육}을 했기 때문 아닌가. 우리는 그렇게 자본가의 안경을 내면화했다. 그래서 우리는 정당한 노동, 아니 착취에 가까운 노동을 하면서도 사장의 눈치를 보며 할 말도 못하는 존재가 된 것일 테다.

하지만 알튀세르의 이데올로기가 절망적 전망만 남기는 것은 아니다. 그 속에 희망이 있다. 새로운 물질적 장치 속으로 능동적으로 들어가 새로운 실천을 할 수 있다면 우리는 새로운 이데올로기를 가질 수 있다. 다시 파스칼의 말을 빌려 이야기하자면, 어디서 무릎을 꿇고 어떤 기도를 하느냐에 따라, 새로운 '신'을 믿을 수 있다.

노동자의 삶을 긍정하는 공간에서 공부하고 대화하고 교육받는다면 우리는 노동자적 이데올로기를 가질 수 있다. 그때 우리는 우리네 삶을 긍정할 이데올로기를 만들어 갈 수 있다. "이데올로기는 단순한 관념이 아니라 물질적 효과를 갖는 물질적 존재이며, 물질적 장치를 통해 존재"하게 되니까 말이다.

무릎 꿇고 기도하면 믿게 될 것이다. 하지만 그보다 중요한 것은 '어디서 누구와 함께 무릎을 꿇고 기도할 것인가'이다. 이것이 이데올로기라는 개념이 우리에게 남기는 희망이다.

행동하는 실존주의 철학자

장 폴 사르트르

사르트르는 20세기를 대표하는 프랑스 철학자이자 작가다. 그는 "자유롭도록 저주받은 존재"로 인간을 정의하면서 인간의 자유를 극한까지 추구했다.

사르트르는 "실존은 본질에 앞서서 온다"라는 유명한 이야기로 실존주의 철학을 주장했다. 인간^{실존}은 어떤 목적이나 규정됨 없이 그것들보다 우선 존재한다는 것이다. 그래서 사르트르에게 인간은 존재의 의미를 스스로 발견하고 삶의 의미 또한 만들어 가야 하는 자유로운 존재였다.

셋째주

월 / 화 / 수 / 목 / **금**

지그문트
프로이트

앙리
베르그송

자크
라캉

루이
알튀세르

**장 폴
사르트르**

Jean-Paul Charles Aymard Sartre: 1905년 6월 21일~1980년 4월 15일

그에 따르면 신에 대한 믿음조차도 개인적인 선택이며, 선택된 하나의 삶이자 목적이다. 사르트르의 힘은 이론적 탁월함에만 있는 것이 아니다.

그는 행동하는 철학자였다. 인간의 자유를 억압하는 세력이 있는 곳이면 어디든 달려가 행동하는 지성인으로서의 면모를 보여주었다. 이런 면모는 1964년 '노벨 문학상 거부' 사건에서도 드러난다. 노벨 문학상 수상 작가로 선정되었다는 소식을 들은 사르트르는 "어떤 인간도 살아 있으면서 신격화될 수는 없다"라고 잘라 말하며 수상을 거부했다.

주요 저서로는 『존재와 무』, 『변증법적 이성비판』, 『실존주의는 휴머니즘이다』, 『구토』 등이 있다.

존재와 탈존^{실존}

　사르트르의 철학은 '존재'와 '실존'이라는 두 가지 철학적 개념으로부터 시작하자. '존재'는 무엇일까? '존재'는 본질이 미리 정해져 있는 사물들이다. 예를 들어, 그릇·책은 '존재'다. 그릇의 본질은 '무엇을 담을 수 있는 어떤 것'이다. 책의 본질은 '읽을 수 있는 어떤 것'이다. 그릇과 책은 이런 본질이 미리 정해져 있다. 그래서 그릇과 책은 '존재'다. 어떤 이가 '무엇을 담을 수 있는 어떤 것' 혹은 '읽을 수 있는 어떤 것'을 떠올린 후에야 그릇과 연필을 만들어 '존재'하게 된다.

　사르트르는 자유가 없는 사물들을 나타내는 개념으로 '존재'를 사용했는데, 그 이유를 이제 알 수 있다. 본질이 미리 정해져 있다는 말은, 존재가 본질에 갇혀 있다는 의미이기도 하다. 본질을 벗어나는 순간, '존재'는 더 이상 존재하지 않는 게 되니까. 생각해보면 정말 그렇다. 깨져서 담을 수 없게 된 그릇은 더 이상 그릇으로 '존재'할 수 없으며, 찢어져 읽을 수 없게 된 책은 더 이상 책으로 '존재'할 수 없다. 그래서 본질을 벗어난 '존재'는 더 이상 '존재'가 아니다.

　'실존'은 무엇일까? 사르트르는 '실존'에 대해 이렇게 말한 바 있다. "실존은 본질에 앞서서 온다." 즉 실존은 본질보다 먼저 존재하는 것이다. 그런데 세상에 '실존'이 있을까? 즉 본질보다 앞서서 오는 게 있을까? 그릇·책·펜·집 등등 세상에 존재하는 것들을 생각해보자. 이것들은 모두 '담을', '읽을', '쓸', '거주할' 본질이 미리 정해져 있고, 그것이 실현되는 '존재'들이다. 하지만 본질에 앞서서 있는 '실존'이 있다.

바로 인간이다. 인간은 '존재'하지만 인간에게는 미리 정해져 있는 본질 같은 건 없다. 달리 말해, 인간에게는 선행되는 혹은 실현되어야 할 본질 같은 게 없다. 사르트르의 이야기를 직접 들어보자.

> "실존이 본질에 앞서게 되는 어떤 한 존재, 그 어떤 개념으로도 정의되기 이전에 실존하는 어떤 한 존재가 반드시 있어야 한다. 바로 그 존재가 인간이다."
> – 『실존주의와 휴머니즘』 중에서

사르트르에게 인간은 '존재'가 아니라 '실존'existence이다. '존재'는 본질에 갇혀 있지만 '실존'은 본질에 갇혀 있지 않다. 무엇을 담기 위해 태어난 인간, 어떤 것을 읽기 위해 태어난 인간은 없다. 즉, 특정한 본질을 실현하기 위해 태어난 인간은 없다. 오직 유약한 영혼들이 스스로를 '존재'라고 자기 기만할 뿐이다. "나는 그 회사에 입사하기 위해 태어났어" 혹은 "나는 노래하기 위해 태어났어" 또는 "그건 나의 소명이야"라는 식으로.

본래적 의미를 염두에 둔다면, 'existence'는 '실존'이 아니라 '탈존'으로 번역해야 옳다. 인간은 순간순간 주어진 본질 밖으로exit- 끊임없이 벗어나려고 하기 때문이다. 부모의 사랑에서 존재의 이유를 찾던 아이는, 자신이 누구인지 묻는 사춘기 청소년으로 탈주한다. 그 청소년은 다시 군인으로, 직장인으로, 더 나아가 가수로 끊임없이 탈주한다. 인간은 본질에 갇혀 있지 않다. 그 순간에 주어진 본질을 벗어나 끊임없이 탈주한다. 이처럼 인간은 끊임없이 본질 밖으로 자유롭게 벗어나려는 '탈존'이다. 그래서 사르트르에게 '존재'는 부자유한 대상들이고 '탈존'은 자유로운 대상이다.

즉자적 존재, 대자적 존재

사르트르는 인간은 '탈존'이라고 했다. 즉, 인간은 본질에 갇혀 있는 '존재'가 아니라 언제든 본질 바깥으로 자유롭게 벗어날 수 있는 '탈존'이다. 의문이 든다. 인간은 왜 '탈존'인가? 실제로 우리 주위에 있는 많은 사람들은 '탈존'이라기보다 '존재'에 가깝지 않은가? 자신은 월급쟁이 체질이라며, 직장인·공무원이라는 본질에 갇혀 있는 '존재'들이 얼마나 많은가. 그들은 '탈존'이라 보기 어렵지 않은가. 이제 사르트르에게 묻고 싶다. 세상에 존재하는 그 많은 '존재'들과 달리, 인간은 어떻게 '탈존'일 수 있는가?

그 답은 '즉자적 존재'와 '대자적 존재'라는 개념에서 찾을 수 있다. 먼저 '즉자적 존재'에 대해서 알아보자. 이것은 애초 헤겔의 개념으로, '즉자卽自'란 '직접적인 자기의 상태'를 의미한다. 쉽게 말해, 갓난아이가 바로 즉자적 존재다. 갓난아이는 이미 그 자체로 누구와도 다른 단독적인 존재다. 이런 갓난아이와 같이, 즉시卽 자신自인 존재가 바로 즉자적 존재다. 문제는 그 갓난아이는 자신이 다른 누구와도 구별되는 (환원 불가능한) 단독적 존재라는 사실을 모른다는 데 있다. '그것이 있는 그대로 그 자체'인 까닭이다.

이제, '대자對自적 존재'에 대해서도 알 수 있다. 갓난아이즉자적 존재는 언제 자신이 여느 대상들과 다르다는 사실을 알게 될까? 가장 먼저 자기 자신으로부터 벗어나 다른 대상들과 관계해야 한다. 자신과 다른 것들, 예를 들어 부모·친구·연인·동료·반려동물 등등 자신의 생각이나 감각과 다른 타자들과 접촉함으로써 자신이 누구와도 다른 단독적인 존재임을 깨닫게 된다. 이렇게 자신이 (부모·친구·연인·동료·반려동물과 다른) 단독적인 존재임을 깨닫게 된 존재가 '대자적 존재'다.

'대자對自'는 '자신自에 대해서對 있다'는 의미다. 쉽게 말해, '대자'는 '자신을 되돌아본다'는 뜻이다. 사르트르에게 인간은 대자적 존재다. 즉 인간은 대자적으로 자기 성찰이 가능하다. 사르트르는 인간이 '탈존'인 이유를 바로 '대자적 존재'에서 찾는다. 인간은 '즉자'가 아니라 '대자'적일 수 있기에 주어진 본질을 벗어나 자유롭게 새로운 본질을 만들어 갈 수 있다고 여겼다.

그릇이 그릇으로 태어나 그릇으로 끝나는 이유는 "나는 왜 그릇일 수밖에 없는가?"라는 대자적 질문을 할 수 없기 때문이다. 마찬가지로 개가 개로 태어나 개로 죽을 수밖에 없는 이유도 "나는 왜 개일 수밖에 없는가?"라는 대자적 질문을 할 수 없기 때문이다. 인간은 개·그릇과 같은 여느 '존재'들과 달리, 반성과 성찰이 가능한 대자적 존재이기에 '탈존'이라는 것이 사르트르의 핵심 주장이다.

실존주의와 허무주의

'허무주의'nihilism라는 것이 있다. 라틴어에서 '무無'를 의미하는 '니힐'nihil

을 어원으로 하고 있다. 쉽게 말해 '허무주의'는 '아무것도 존재하지 않는다'는 것이다. 그래서 허무주의자는 원래 아무것도 존재하지 않는다고 주장한다. "아무것도 존재하지 않으니 아무것도 믿을 수 없다"라는 것이 허무주의자의 주장이다. 근래에 와서 그 의미가 긍정적으로 재해석되었지만, 전통적으로 허무주의는 극심한 무기력의 상태를 나타내었다. 그도 그럴 것이, 아무것도 존재하지 않으니 아무것도 믿을 수 없다고 말하는 이가 무기력에 빠지지 않는다면 그게 더 이상한 일 아닌가.

사르트르의 입장에서 보면, 인간은 허무주의에 빠지지 않을 수 없다. 사물들은 다들 자신의 존재 이유, 즉 본질을 알고 있다. 그래서 마음이 편하다. 그릇·책·펜·집 같은 사물들은 자신의 본질을 알고 있기에 마음이 편하다. 마찬가지로, '나는 노래_{연기, 글쓰기, 월급쟁이}하기 위해 태어났다'고 믿는 이들 역시 마음이 편하다. 매일 자신의 존재 이유를 실현하면 되니까. 하지만 인간_{탈존}은 그런 '존재'가 아니다. 인간은 다른 사물들과 달리, 어떤 목적도 본질도 없이 세상에 던져졌다.

그래서 스스로 '존재'이기를 선택한 인간이 아니라면, 모든 인간_{탈존}은 존재의 이유를 모르기에 허무하다. 인간의 문명이 시작된 이래, 종교가 사라지지 않는 이유도 이제 알겠다. 인간_{탈존}에게 저주처럼 들러붙은 태생적 허무주의를 극복하는 가장 확실한 방법이 있다. 그건 자신의 존재 이유를 신의 이름 아래서 찾는 것이다. 긴 시간 인간은 두 가지 선택을 강요받고 있던 것인지도 모른다. 신을 믿거나, 허무주의에 빠지거나. 달리 말해, 신의 이름으로 자신의 존재 이유를 부여받거나, 아니면 존재의 이유를 찾지 못해 허무주의에 빠지거나.

여기에 사르트르의 가장 큰 철학적 업적이 있다. 무신론자였던 사르트르는 실존주의를 통해, 신 없이 허무주의를 완전히 뒤집어놓는다. 실존주의가 무엇인가? 인간에게 원래부터 결정되어 있는 본질 같은 것은 아무것도 없다는 것 아닌가. 그런데 이는 자신을 근본적으로 구속하는 것 또한 아무것도 없다는 말에 다름 아니다. 인간에게 주어진 극단적 허무를 깨닫는 순간, 놀랍게도 인간은 진정한 자유를 얻게 된다.

사르트르는 신 없이 허무주의적 무기력을 넘어설 수 있다고 말하고 있다. 인간은 분명 이유 없이 세상에 던져져서 어떠한 목적도 없이 삶을 이어갈 수 없다. 하지만 역설적으로 바로 그 때문에 인간 각자는 스스로 존재의 의미를 자유롭게 만들어 갈 수 있는 창조적 존재로 거듭날 수 있다! 사르트르는 존재 이유를 모르는 인간을 허무주의로부터 구출해주었다. 아니 구원해주었다. 존재의 이유를 모르기에, 허무와 무기력의 정서에 빠질 수밖에 없는 인간을 활력과 긍정성이 가득 찬 인간으로 탈바꿈시켰다. 사르트르에게 인간^{탈존}은 자유로운 존재고, 그러니 인간은 무엇이든 될 수 있는 활력과 긍정성으로 가득 찬 존재일 수밖에 없었으니까.

사르트르가 '앙가주망'을 외친 이유

사르트르는 허무주의적 무기력을 실존주의적 활력으로 전복시켰다. 하지만 그의 번뜩이는 사유의 전환과 별개로 여전히 찜찜함이 남는다. 그 찜찜함은 하나의 질문으로 구체화할 수 있다. '인간은 정말 자유로운가?' 사르트르는 인간은 자유로운 존재라고 말했지만 현실은 다른 것 같다. 현실에서 우리의 자유를 억압하는 것이 얼마나 많은가. 여기서 사르트르가 말한 '앙가주망'Engagement이라는 개념이 중요해진다. '앙가주망'은 '관계함' 혹은 '참여' 정도로 번역할 수 있다.

인간은 완전히 자유로운 '탈존'이기에 사르트르의 주된 관심은 개인이었다. 하지만 제2차 세계대전의 참혹한 경험은 사르트르의 관심을 타자와 사회로 돌려놓는다. 누구보다 영민했던 사르트르였기에 당연한 일이었다. 죽이지 못하면 죽어야 하는 전쟁은 개인의 자유를 극단적으로 억압하는 대표적 사건이다. 인간은 본질적으로 자유롭지만 현실에는 그 자유를 억압하는 세력과 집단이 항상 있게 마련이다. 사르트르는 자유를 억압하는 세력과 집단이 있는 한 인간은 결코 완전하게 자유로울 수 없다는 사실을 깨닫게 된다.

여기에 이르러 사르트르는 '앙가주망', 즉 참여의 중요성을 절감하게 된다. 인간이 완전히 자유롭기 위해서는 인간의 자유를 억압하는 세력과 맞서 싸우는 '앙가주망'이 반드시 필요하기 때문이다. 실제 사르트르는 그런 '앙가주망'을 몸소 실천하는 철학자였다. 알제리 전쟁, 미국 베트남 참전에 반대했고, 드골 독재 정권을 무너뜨리는 중심에 사르트르가 있었다. 사르트르는 언제나 인간의 자유를 위해 투쟁하는 행동하는 철학자였다.

사르트르는 자유로부터 도망치지 말고, 자신의 자유를 가로막는 타자와 사회에 대하여 스스로 결단하며 당당하게 맞서라고 외쳤다. 사르트르의 이 외침은 날카롭기에 아프다. 우리는 언제나 부조리와 불의 앞에서 '내 처지와 상황 때문에 어쩔 수 없다'는 자기변명과 자기합리화에 능한 존재들 아니었던가. 그런 우리에게 사르트르가 외친 '앙가주망'은 잔인할 만큼 아프게 다가올 수밖에 없다.

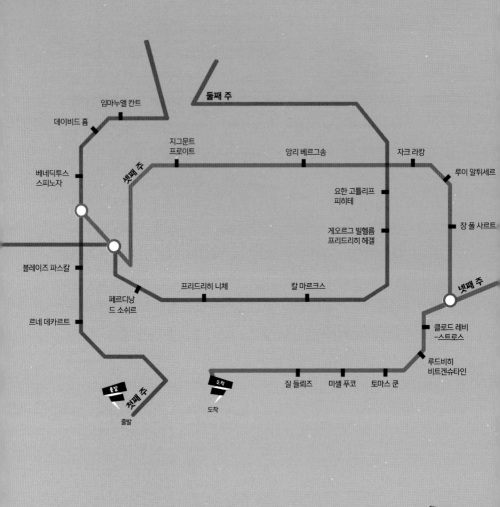

임마누엘 칸트

데이비드 흄

둘째 주

지그문트
프로이트

앙리 베르그송

자크 라캉

루이 알튀세르

베네딕투스
스피노자

셋째 주

요한 고틀리프
피히테

게오르그 빌헬름
프리드리히 헤겔

장 폴 사르트

블레이즈 파스칼

프리드리히 니체

칼 마르크스

넷째 주

페르디낭
드 소쉬르

르네 데카르트

클로드 레비
–스트로스

루드비히
비트겐슈타인

출발
첫째 주

도착

질 들뢰즈

미셸 푸코

토마스 쿤

출발

도착

지하철

SUBWAY

1
출입구

넷째 주 여행

원주민을 사랑한 철학자

클로드 레비-스트로스

레비-스트로스는 벨기에 태생의 프랑스 구조주의 인류학자다. 원주민 사회를 구성하는 친족 관계의 연구에 언어학적 구조론을 도입하고, 이를 통해 구조주의 인류학을 세웠다. 그는 원주민들이 사는 오지를 탐험하며 자신의 이론을 만들어 갔다.

레비-스트로스는 누구보다 원주민을 사랑했던 철학자였다. 원주민들에 대한 깊은 애정은 그의 저서 곳곳에 깊게 배어 있다. 위험하고 고된 오지 탐험을 지속할 수 있었던 동력도 원주민들에 대한 깊은 애정이라고 보는 것은 과도한 해석이 아닐 테다.

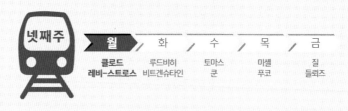

넷째주

월	화	수	목	금
클로드 레비-스트로스	루드비히 비트겐슈타인	토마스 쿤	미셸 푸코	질 들뢰즈

Claude Lévi-Strauss: 1908년 11월 28일~2009년 10월 31일

그는 구조주의 인류학적 연구를 통해 원시문명부터 현대문명에 이르기까지 인간 사회의 본질적 구조를 밝혔다. 특히 근친상간의 금지를 통해 모든 공동체가 다른 공동체와 일종의 교환관계가 성립된다는 것을 드러낸 것이 레비-스트로스의 중요한 철학적 업적이다. 또한 레비-스트로스는 인간의 자유를 강조하는 사르트의 실존주의를 강력히 비판한 것으로 유명하다. '인간은 구조의 산물'이기에 '인간에게 자유가 있다'는 건 불합리하다고 주장하며 사르트르를 비판했다.

저서로는『야생의 사고』,『구조주의 인류학』,『슬픈 열대』등이 있다.

사회적 무의식

레비-스트로스는 책상 앞을 지킨 철학자가 아니었다. 긴 시간 오지를 탐험하며 자신의 이론을 만든 철학자다. 그가 다양한 원주민 종족의 문화를 연구했던 이유는 무엇이었을까? 모든 문화를 관통하는 '심층구조'를 찾기 위해서였다. '심층구조'란, 다수의 개별적 구조의 공통된 질서다. 쉽게 말해, 심층구조는 모든 문화를 관통하는 공통된 질서라고 말할 수 있다. 레비-스트로스는 동서고금을 막론하고 '모든 문화에 공통된 질서'를 발견하고자 했다.

그런데 왜 하필 그 공통된 질서를 원주민 사회에서 찾으려 했던 걸까? 소위 문명사회라는 곳은 어느 정도 공통된 질서를 갖고 있다. 하지만 그 질서는 모든 문화에 공통된 질서라기보다 서구 문명의 팽창이라고 볼 수도 있다. 예컨대, 모든 문명사회에서 침대와 텔레비전을 사용한다고 해서 거기에 모든 문화에 공통된 질서가 있다고 보기는 어렵다. 차라리 그것은 서구 문명이 팽창된 결과로 보는 것이 더 합리적이다.

하지만 원주민 사회까지 포함하는 문화적 질서를 찾는다면 어떨까? 그 문화적 질서는 '모든 문화에 공통된 질서'라고 말할 수 있을 것이다. 원주민 사회는 '문명'이 아니라 '야만'이라고 이름 붙여질 만큼 문명사회와는 거리가 먼 이질적인 질서가 존재하는 문화니까 말이다. 레비-스트로스는 원주민과

(서구) 문명인 사이에 공통적으로 존재하는 어떤 보편적 질서를 찾기 위해 긴 시간 오지를 탐험했다.

대표적인 구조주의자였던 레비-스트로스에게는 당연한 일이었다. 공통된 보편적 질서를 발견한다는 말은, 구조를 구조이게끔 하는 질서를 발견한다는 의미인 까닭이다. 공통되고 보편적인 질서를 안다는 것은 구조, 정확히는 '심층구조'를 안다는 말과 다르지 않다. 하지만 공통된 사회·문화적 구조^{심층구조}를 찾으려던 레비-스트로스는 인간 존재의 사고구조로 시선을 돌린다.

이 역시 당연한 일이었다. 문화는 인간이 구성하는 것 아닌가. 모든 문화를 관통하는 공통된 보편적 구조^{심층구조}가 있다면, 그 문화를 구성하는 인간의 생각에도 공통적이고 보편적인 어떤 면이 있다는 건 당연한 논리적 추론이다. 그래서 인간이라면 누구나 공통적이고 보편적으로 갖고 있는 심층적 '사고구조'로 시선을 돌린 것이다.

서구의 전통적인 심층적 사고구조는 데카르트의 '코기토'로 함축된다. 하지만 레비-스트로스의 심층적 사고구조는 데카르트의 그것과 매우 다르다. 우선 심층적 사고구조를 논증하는 방법론부터 다르다. 데카르트가 '코기토'라는 인간 이성의 보편적 형태를 가정해서 자신의 논의를 전개한 반면, 레비-스트로스는 그 반대로 논의를 전개한다. 다양한 문화권에서 발견한 다양한 인간 이성의 형태에 대한 경험적 연구를 통해 인간 이성의 보편적 형태를 찾으려 했던 것이다.

레비-스트로스는 이 인간 이성의 보편적 형태를 '사회적 무의식'^{구조적 무}

의식이라고 불렀다. 데카르트의 심층적 사고구조가 '코기토'라면, 레비-스트로스에게 그것은 '사회적 무의식'이었다. 프로이트에 따르면, '무의식'은 의식되지 않지만 모든 의식^{사고}을 기초 짓는 기능을 한다. 하지만 이는 개인적이다. 프로이트의 무의식이 개인적이라면, 레비-스트로스의 무의식은 사회적이다.

'사회적 무의식'은 '무의식'이기에 의식되지 않은 채로 모든 의식을 기초 짓는 기능을 수행한다. 동시에 '사회적'이기에 개인마다 다르지 않고 사회에 속한 모든 인간에게 공통되고 보편적이다. 인간의 심층적 사고구조를 '사회적 무의식'이라고 했던 이유다. 그는 사회인류학적 연구를 통해 이 '사회적 무의식'을 찾고, 이를 통해 모든 문화 구조를 관통하는 심층구조를 밝히려 했다.

근친상간 금지

레비-스트로스는 원주민들이 사는 오지를 돌며 '사회적 무의식'이 무엇인지 규명하려 했다. 그는 "'사회적 무의식'은 무엇인가?"에 답하기 위해 질문을 바꾼다. "사회적 무의식은 어디서 시작되었을까?" 레비-스트로스는 자연과 문화가 만나는 지점에 주목했다. '자연이 끝나고 문화가 시작되는 곳이 어디인가?'에 답할 수 있다면, 인간 존재의 '사회적 무의식' 또한 규명할 수 있을 것이라고 생각했다.

생각해보면 인간은 독특하다. '인간은 사회적 동물이다'라는 말처럼, 인간은 개, 토끼, 말, 소처럼 생물학^{자연}적 존재이면서 동시에 문화^{사회}적 존재이기도 하다. 인간은 자연^{동물}이 끝나고 문화^{사회}가 시작되는 기묘한 위치에 서 있다. 레비-스트로스가 천착한 질문이 이것이었다. "인간 사회는 동물 무리와 달리 안정성과 지속성을 갖게 해주는 규칙이나 질서가 있는데, 그것은 어떻게 가능한가?"

레비-스트로스가 찾아낸, '자연'과 '문화'가 만나는 지점, 즉 '동물'과 '인간'이 구별되는 지점은 놀랍다. 그 지점은 바로 '근친상간 금지'incest taboo다. 그는 보편적 사회질서와 사회적 무의식을 기초 짓는 것이 '근친상간 금지'라고 말한다. 그의 논의에 따르면, 근친상간 금지는 '허용'과 '금지'라는 이중 질서를 기초 짓는다. 즉 일정 범위 내에서는 성적인 결합을 '금지'하고, 그 외 범위는 결혼이란 제도를 통해 성적인 결합을 '허용'하는 방식이다. 그는 이것이 바로 자연과 문화를 구별 짓는 지점이라고 주장했다.

근친상간 금지는 자연^{동물}과 문화^{인간}를 구별하는 중요한 규칙과 질서를 기초 짓는 것이 분명하다. 동물들은 근친상간을 '금지'하지 않기에 결혼과 같은 특정한 방식의 안정적 성적 결합을 '허용'하지도 않으니까 말이다. 레비-스트로스는 결혼이란 근친혼 금지의 기초 위에서 여자의 교환으로 맺어지는 인간관계로 파악한다. 두 개의 집단이 이런 결혼이란 문화를 통해 여자를 교환함으로써 친족관계를 이루게 되고, 더 나아가 이런 확장된 친족관계가 사회구조의 기초가 된다. 이 과정을 통해 인간의 특정한 '사회적 무의식'이 구성된다고 주장한다.

야생의 사고

'사회적 무의식'은 구체적으로 어떤 것일까? 레비-스트로스는 이를 '야생의 사고'La Pensée Sauvage라는 개념으로 설명한다. 우리는 '문명의 사고'와 '미개의 사고'라는 이분법적 구분에 익숙하다. 서구의 세계관^{과학, 의학, 건축학}

등등을 '문명의 사고'에 자리 시키고, 원주민들의 세계관^{주술, 주문, 미신 등등}을
'미개의 사고'에 자리 시킨다. 그리고 너무나 당연하게 '문명의 사고'가 '미개
의 사고'보다 더 우월하다고 믿는다. 하지만 레비-스트로스는 이런 견고한
믿음에 균열을 낸다.

그는 우리가 '미개의 사고'라고 여기는 것이 '문명의 사고'보다 결코 열등
하지 않다고 주장했다. 더 나아가 '문명의 사고'와 '미개의 사고'로 구분 짓는
이분법 자체를 거부했다. 레비-스트로스는 우리가 '미개의 사고'라고 여기
는 사고구조를 '야생의 사고'라고 명명했다. 레비-스트로스의 이야기를 직
접 들어보자.

> 야생의 사고는 야만인의 사고도 아니며 미개인이나 원시인의 사고도 아니다. 효율을
> 높이기 위해 세련화되거나 길들여진 사고와는 다른, 길들여지지 않은 상태의 사고다.
> – 『야생의 사고』 중에서

레비-스트로스는 '야생의 사고'는 열등하고 미개한 사고구조가 아니라
인간이라면 누구나 갖고 있는 공통된 보편적 사고구조라고 말한다. 쉽게 납
득하기 어렵다. 벌거벗은 채로 돌아다니며, 닭 피를 뿌리고 주술을 외우는
것이 인간의 공통된 보편적 사고구조라니! 원주민들의 사고구조는 무질서
하며 비과학적으로 보인다. 우리의 이런 오래된 오해를 잘 알고 있었던 레
비-스트로스는 '야생의 사고'를 '구체적인 것의 과학'으로 설명한다. 레비-스
트로스는 이를 해명하기 위해 흥미로운 사례를 하나 제시한다.

볼리비아 고원에 사는 아이마라 인디언은 …… 음식물 보존에 있어 유능한 실험가였

다. 제2차 세계대전 중 미군이 인디언들의 탈수기술을 그대로 배워 100명분의 매시드 포테이토 재료를 구두 상자 정도의 부피로 압축하는 데 성공한 예만 보아도 알 수 있다. 그들은 또한 농학자요 식물학자로서, 가지의 속을 분류하고 재배하는 방법은 타의 추종을 불허한다.

– 『야생의 사고』 중에서

원주민들은 '야생의 사고'를 통해 서구 문명보다 더 과학적인 성취를 이뤄낸 측면이 있다. 이는 야생의 사고가 무질서하며 비과학적인 것이 아니라는 사실을 반증한다. 달리 말해 '야생의 사고'는 서구의 질서와 다를 뿐 일관된 질서를 갖고 있고, 서구의 과학과 다를 뿐 체계적인 과학이다. 서구의 과학이 인간의 구체적인 삶과 관계없는 측면으로 발전했다면, 야생의 사고는 인간의 구체적인 삶에 관계한 측면에서 매우 과학적이다. 이것이 레비-스트로스가 '야생의 사고'를 '구체적인 것의 과학'이라고 설명한 이유다.

레비-스트로스가 '야생의 사고'를 강조한 이유

레비-스트로스는 '문명의 사고' 정확히는 서구의 문명을 부정적으로 보는 경향이 있다. 반서구적이고, 반과학적인 태도는 그의 저서들 전반에서 어렵지 않게 느낄 수 있다. 레비-스트로스는 '야생의 사고'를 강조하는 동시에 문명의 사고를 비판적으로 본다. 왜 그랬던 것일까? 그 이유는 『야생의 사고』에 등장하는 하나의 흥미로운 사례를 통해 설명할 수 있다.

뉴기니에는 가후쿠-가마족이라는 원주민이 있다. 이곳에 유럽 문명이 유입되면서 가후쿠-가마족은 축구라는 스포츠를 배우게 되었다. 그런데 가후쿠-가마족은 서구식 축구 규칙을 그대로 따르지 않았다. 공에 손이 닿으면 안 되는 것 등 대부분의 규칙은 그대로 받아들였지만, 가장 결정적인 규칙은 지키지 않았다. 놀랍게도, 모든 스포츠의 근본적인 규칙이라 할 수 있는 승패를 가르는 규칙을 지키지 않은 것이다.

그래서 가후쿠-가마족으로 구성된 두 팀이 축구 시합을 하면 무승부가 날 때까지 시합을 했다고 한다. 심지어 무승부가 나지 않으면 몇 날 며칠을 계속 경기했다. 왜 그랬을까? '문명화된' 우리의 입장에서 가후쿠-가마족의 축구 시합 방식은 무식하고 황당한 '미개의 사고'처럼 보인다. 스포츠라는 것이 당연히 승패를 가려 1등과 2등을 구별해야 한다고 믿는 우리에게는 분명 그렇다.

하지만 '야생의 사고'로 삶을 구성해 나가고 있는 원주민들에게는 무승부가 나올 때까지 진행하는 축구 시합이 당연한 일이었다. 레비-스트로스에 따르면, 원주민들은 공동체 간에 차별성을 만드는 사고방식이 아니라 공동체 간에 동등한 대칭적 관계를 만듦으로써 공존의 세계를 구성하는 사고방식을 갖고 있다. 원주민들이 기를 쓰고 무승부를 내려고 했던 이유를 알 것 같다. 차별의 공동체가 아니라 공존의 공동체를 만들려고 했기 때문이다.

이제 레비-스트로스가 왜 '문명의 사고'에 비판적 태도를 유지하며 '야생의 사고'를 강조했는지 알 것도 같다. 우리가 우월하다 인정해 마지않는 '문명의 사고'의 과거와 현재가 무엇인가? 공동체 간, 개인 간에 차별을 만들어 참혹한 전쟁을 지속시켜 왔던 것이 과거다. 그리고 전쟁에 준하는 폭력적인 자본주의적 경쟁을 양산하고 있는 것이 현재다. 시대의 지성이었던 레비-스트로스는 인간들이 인간답게 살 수 있는 공동체적인 희망을 '야생의 사고'에서 보았던 것인지도 모르겠다. 그래서 레비-스트로스는 원주민들을 그리고 그네들의 삶의 방식을 그리도 사랑했던 것일 테다.

천재 중의 천재 철학자

루드비히 비트겐슈타인

모든 철학자들은 천재적이다. 하지만 그중에서 특히 비트겐슈타인의 천재성은 유독 반짝인다. 비트겐슈타인은 서양 철학사를 통틀어 언어를 가장 깊이 있게 사유하고 분석한 언어철학자다. 비트겐슈타인의 주저는 두 권이다.『논리철학논고』와『철학적 탐구』. 이 두 권의 저작으로 비트겐슈타인의 철학은 전기와 후기로 나뉜다.『논리철학논고』는 청년 비트겐슈타인의 철학을 대표하고,『철학적 탐구』는 장년 비트겐슈타인의 철학을 대표한다.

넷 째주

월 · **화** · 수 · 목 · 금

클로드
레비-스트로스

**루드비히
비트겐슈타인**

토마스
쿤

미셸
푸코

질
들뢰즈

Ludwig Josef Johann Wittgenstein: 1889년 4월 26일~1951년 4월 29일

청년기의 비트겐슈타인은 '그림이론' 개념을 통해 언어의 의미가 '지시'에 있다고 주장한다. 하지만 장년기에 이르러서는 '언어게임' 개념을 통해 언어의 의미는 '사용'에 있다고 주장한다.

그는 반짝이는 천재성으로 '이성'과 '경험' 중심이던 근대철학에 '언어'라는 새로운 장을 열었고, 마침내는 삶으로서의 철학에 이르게 한다. 번뜩였던 철학적 사유와 치열했던 삶의 흔적을 엿본다면, 그가 왜 천재 중의 천재인지 어렵지 않게 알 수 있다.

주요 저서로는 『논리철학논고』, 『철학적 탐구』 등이 있다.

『논리철학논고』

청년 비트겐슈타인의 철학인 『논리철학논고』에 대해서 알아보자. 이 저작의 목표는 간명하다. '오해 없는 완벽한 의사소통'이다. 천재 중의 천재 철학자로 평가받는 비트겐슈타인은 왜 '오해 없는 완벽한 의사소통'을 목표로 삼았을까?

비트겐슈타인은 전통 철학이 문제 삼고 있는 많은 주제들에 대해서 종종 냉소적으로 이렇게 말했다. "It's nonsense!"아무 의미 없는 짓이야! 특히 그는 존재, 무無, 신神, 영혼, 자아, 도덕 등에 대한 논의를 의미 없는 짓이라 여겼다. 생각해보면 정말 그렇지 않은가. 존재, 무, 신, 영혼, 자아, 도덕같이 형이상학적이고 추상적인 대상들은 자신만의 정의와 해석이 존재한다. 그래서 그에 상응하는 언어는 언제나 오해의 소지가 있을 수밖에 없다.

예를 들어보자. "요즘 자아가 분열되는 것 같아"라고 친구에게 말했다. 하지만 친구는 "자아는 자신인데 그게 어떻게 분열이 되냐?"라고 답할 수 있다. 대화를 나누고 있는 것처럼 보이지만, 엄밀한 의미에서 이는 서로의 언어를 오해하고 있는 것일 뿐이다.

이처럼 전통 철학의 주제는 다의적이고 혼란스러운 언어를 사용하기에 오해의 소지가 있을 수밖에 없다. 즉, 제대로 된 의사소통이 이루어지지 않기에 전통 철학의 논의 자체가 의미도 쓸모도 없는 것이라고 보았던 것이다.

비트겐슈타인은 세상에 존재하는 많은 문제들이 결국은 언어의 문제로부터 파생된 것이라고 보았다. 다의적이고 혼란스러운 의사소통을 야기하는 언어의 문제를 해결하면, 달리 말해 '오해 없는 완벽한 의사소통'이 가능하다면, 세상의 문제들을 근원적으로 해결할 수 있을 것이라 생각했다. 이것이 그가 『논리철학논고』를 통해 '오해 없는 완벽한 의사소통'을 이루려고 했던 이유다.

각자의 언어로 이야기하기 때문에 오해가 난무할 수밖에 없는 의사소통을 비트겐슈타인은 어떻게 완벽하게 만들고자 한 걸까?

그림이론

비트겐슈타인은 '말할 수 있는 것'과 '말할 수 없는 것'을 구분하려고 했다. 이를 통해 '오해 없는 완벽한 의사소통'이 가능하다고 생각했다. 세상 사람들이 '말할 수 있는 것'만 말하고 '말할 수 없는 것'에 침묵한다면 적어도 이론적으로는 완벽한 의사소통이 가능하다. 그럼 이제 다시 의구심이 든다. 그렇다면 비트겐슈타인은 '말할 수 있는 것'과 '말할 수 없는 것'을 어떻게 구분하려 했을까? '그림이론'이란 개념을 이해하면 이 질문에 답할 수 있다. 그의 이야기를 직접 들어보자.

"우리는 사실들의 그림들을 만들어낸다. …… 명제는 현실의 그림이다. 명제는 우리가 생각하는 바 현실의 모델이다. …… 그림 속에서 그림의 요소들은 대상들에 대응한다."

– 『논리철학논고』 중에서

여기서 말하는 '명제'는 쉽게 '언어'라고 생각하면 된다. 모든 명제는 언어로 되어 있으니까. 비트겐슈타인에게 언어는 현실을 보여주는 그림 같은 것이었다. 언어는 세상의 사실들과 그 관계를 드러낸다. 쉽게 말해, 언어는 외부 대상을 마치 그림처럼 묘사할 수 있어야 한다는 것이다. 비트겐슈타인에게는 그런 언어만이 진정한 언어였다. '언어는 세계를 표현하는 그림'이라는 비트겐슈타인의 관점이 바로 '그림이론'이다.

그렇다면 '말할 수 있는 것', 즉 '그림이론'에 합당한 진정한 언어는 구체적으로 어떤 것일까? 비트겐슈타인은 자연과학이나 수학적인 언어는 그 언어에 대응하는 명확한 대상^{그림}이 있기에 '말할 수 있는 것'이라고 규정했다. 동시에 윤리적인 것, 종교적인 것, 개인적인 취향, 심리상태와 같은 인간 내면과 관련된 것은 언어에 대응하는 명확한 대상이 없기에 '말할 수 없는 것'이라고 규정했다. 난해하다. 예를 들어보자.

1. "미술관은 200미터 직진하셔서 오른쪽으로 돌면 있어요."
2. "여름이 되면 장마가 시작될 거야."
3. "그 영화 너무 슬펐어. 마음이 너무 아파."
4. "너의 욕망이 너를 비도덕적으로 만드는 거야."

1번, 2번은 '그림이론'에 합당한 '말할 수 있는 것'이다. "미술관은 200미터 직진한 뒤 오른쪽으로 돌아야 한다"라는 말은 수학적 표현이다. 또 "여름이 되면 장마가 시작된다"라는 말은 자연과학적인 표현이다. 수학적이고 자연과학적인 언어는 그 언어가 지칭하는 외부 대상이 분명하다. 듣는 상대에 따라 잘못 해석될 여지가 거의 없다. 그래서 이런 언어를 사용하면 오해의 여지 없이 완벽한 의사소통이 가능하다.

하지만 2번과 3번은 어떤가? 이것들은 '말할 수 없는 것'들이다. "영화가 슬프다"라는 말은 인간의 내면과 개인적 취향 혹은 심리상태와 관련되어 있다. "욕망이 비도덕을 만든다"라는 말은 윤리적이고 종교적인 것과 관련되어 있다. 이런 언어들은 구체적으로 대응되는 그림이 존재하지 않는다. 그래서 다의적이고 혼란스러워 많은 오해의 여지가 있다. 나에게는 슬픈 영화가 누군가에게는 전혀 슬프지 않을 수 있고, 내가 정의한 욕망과 도덕은 누군가에게는 의무와 비도덕일 수 있지 않은가. 그러니 이런 언어들은 '말할 수 없는 것'들이다.

비트겐슈타인은 『논리철학논고』 전체를 할애해서 '말할 수 있는 것'들을 구체적이고 체계적으로 규정했다. '말할 수 없는 것'에 대해서는 논하지 않았다. 왜? '말할 수 없는 것'은 어떤 식으로든 말할 수 없는 것이니까. 그 대신 그는 '말할 수 없는 것'에 대한 의미심장한 한 문장으로 자신의 저서를 마무리했다.

"말할 수 없는 것에 대해서는 침묵해야 한다."

그는 '말할 수 있는 것'만 말하고, '말할 수 없는 것'은 침묵함으로써 오해 없는 완벽한 의사소통을 실현하려고 했다. 그렇게 그는 세상의 의미없는 논의들에 영원한 마침표를 찍으려 했다.

철학적 탐구

비트겐슈타인은 『논리철학논고』라는 야심작으로 전설이 되었다. 그는 '철학을 끝냈노라!' 말하며 자신이 다니던 케임브리지 대학을 홀연히 떠나 오스트리아의 시골 마을에 정착했다. 그리고 약 6년을 머물면서 초등학교 교사 생활을 했다. 그에 관한 몇 가지 기록에 따르면, 비트겐슈타인은 시골 마을에서 아이들의 교육 문제로 지역 주민들과 심각한 다툼이 있었다고 한다. 이런 경험들 속에서 장년 비트겐슈타인의 철학을 대표하는 『철학적 탐구』가 싹틀 준비를 하고 있었다.

비트겐슈타인은 '말할 수 없는 것'에 대해서 침묵하고, '말할 수 있는 것'들만 말하고 살면 어떤 문제도 발생하지 않을 것이라 확신했다. 자신의 철학을 완성했으니 이제 남은 것은 그 철학대로 살아내면 된다고 생각했다. 하지만 '이론-현실'의 괴리로 발생하는 문제가 천재라고 해서 비켜 갈 리 없었다. 자신이 완성한 이론처럼 살았지만 '오해 없는 완벽한 의사소통'은커녕 갖가지 문제가 발생했다. 시골 주민들과 의사소통이 되지 않아 심각한 다툼이 빈번했던 것이다.

왜 안 그랬을까? 비트겐슈타인은 독일의 철강왕이라 불렸던 부유한 아버지 덕분에 고상한 환경에서 지적인 교육을 받으며 자랐다. 하지만 시골 주민들은 달랐다. 먹고살기 바빠 배운 것이 없는 사람들이었다. 이런 이질적인 사람들 사이에 대화가 안 통하는 것은 너무나 당연한 일이었다. 이를 계기로 비트겐슈타인은 완벽한 의사소통에는 말할 수 있는 것과 말할 수 없는 것보다 중요한 것이 있다는 것을 깨닫게 되었다. 이 깨달음이『철학적 탐구』가 탄생하는 계기가 되었다.

『철학적 탐구』는『논리철학논고』의 한계로부터 시작된다. 비트겐슈타인은 오스트리아 시골 마을에서의 경험으로 '말할 수 있는 것'과 '말할 수 없는 것'을 구분하는 '그림이론'만으로는 완벽한 의사소통이 불가능하다는 것을 깨달았다. 그는 같은 질문을 다시 할 수밖에 없었다. "그렇다면 완벽한 의사소통은 어떻게 가능한가?" 이것이 비트겐슈타인이『철학적 탐구』를 통해 규명하려 했던 질문이다.

언어게임

비트겐슈타인은 '그림이론'으로는 해결이 안 되는, 일상에 상존하는 의사소통의 불가능에 맞닥뜨렸다. 그는 이 문제를『철학적 탐구』의 핵심 개념인 '언어게임'으로 돌파하려고 했다. 먼저 그의 이야기를 직접 들어보자.

"언어와 그 언어가 뒤얽혀 있는 활동들의 전체를 '언어게임'(언어놀이)이라고 부를 것이다"

– 『철학적 탐구』중에서

'언어게임'은 쉽게 말해, 언어는 결국 게임과 같다는 것이다. 게임은 어떤 룰을 따르느냐에 따라 달리 진행된다. 보드게임을 한다고 해보자. 원래 규칙을 따를 때와 그 규칙을 바꿔서 할 때는 게임의 진행이 완전히 달라질 수밖에 없다. 비트겐슈타인은 언어도 이와 같다고 생각했다. 언어^{게임}가 어떤 맥락^{규칙} 속에서 사용되느냐에 따라 언어의 사용^{진행}이 전혀 달라진다는 것이다.

여기서 주의해야 할 것이 있다. 비트겐슈타인이 말한 '언어'란 영어, 한국어, 독일어와 같은 특정한 국가의 언어만을 의미하는 게 아니라는 사실이다. 동일한 한국어라도 다양한 삶의 맥락에 따라 상이한 의미를 갖게 되는 '언어'까지 포함한다. 도시에는 도시의 '언어'가 있고, 시골에는 시골의 '언어'가 있다. 마찬가지로 법원, 시장, 유치원, 조폭 집단에는 그 삶의 맥락에 닿아 있는 합당한 '언어'가 있다. 심지어, 동일한 단어라도 삶의 맥락에 따라 전혀 다른 용례로 사용되기도 한다.

'씨발'이라는 단어를 생각해보자. 이유 없이 갑자기 누군가에게 맞았을 때 '씨발'의 의미는 "왜 때려!"다. 친한 친구의 죽음을 알게 되었을 때 '씨발'은 "슬프다"라는 의미다. 약자를 도와주지 못하고 무기력하게 돌아서며 했던 '씨발'은 "난 한심한 놈이야!"란 의미이고, 화려한 스포츠카를 보며 내뱉은 '씨발'은 "진짜 멋있다! 부럽다!"라는 의미다. 비트겐슈타인의 '언어게임'에서 '언어'는 이처럼 특정한 국가 언어만이 아니라 다양한 삶의 맥락에서 상이한 방식으로 사용되는 언어까지를 포함하는 개념이다.

'언어게임'이 왜 언어'게임'인지 알겠다. 장기를 둘 때 '장'이 없어도 아무

상관없다. 장기를 두는 사람이 500원짜리 동전을 '장'이라고 약속하면 게임을 하는 데 아무 지장이 없기 때문이다. 하지만 누군가 "아니 왜 500원짜리를 장기판 위에 두는 거요!"라고 말한다면, 그는 게임을 할 수 없다. '의사소통이 안 된다'는 것은 이런 것이다. 서로 약속된 언어 대신, 각자 자신만의 삶의 맥락에서 형성된 '언어'를 상대에게 강요할 때 대화는 이미 불가능하다.

장년에 이르러 비트겐슈타인은 완벽한 의사소통에 관한 비약적이고 날카로운 통찰에 이른다. 완벽한 의사소통에 이르기 위해서는 타인의 언어 규칙을 있는 그대로 받아들이는 것이 중요하다는 통찰이다. 이 얼마나 비약적이고 날카로운 통찰인가. 내 삶의 맥락이 구성한 내 언어게임의 규칙을 강요할 때 의사소통은 불가능하다. 마치 욕쟁이 할머니의 욕을 친근함의 언어로 받아들일 수 없는 사람은 그 집의 음식을 먹을 수 없는 것과 같다. 진정한 의사소통은 타인의 삶의 맥락을 섬세하게 파악하고 그럼으로써 상대의 언어게임 규칙 속으로 들어가야만 가능하다.

"내가 규칙을 따를 때, 나는 선택하지 않는다. 나는 규칙을 맹목적으로 따른다."
– 『철학적 탐구』 중에서

난해해 보였던 비트겐슈타인의 이야기를 이제 이해할 수 있다. 상대와 대화하고 싶다면 언어게임의 규칙을 강요하거나 선택할 것이 아니라 맹목적으로 상대의 규칙에 따라야 한다. 그래야 상대방과 진정한 의사소통이 가능할 테다. 물론 그것은 쉽지 않은 일이다. 자기중심적이고 이기적인 것이 인간이라, 타인의 언어게임 규칙 속으로 들어가기보다 상대가 나의 언어게임 규칙 속으로 들어오기를 바라고 있으니까. 비트겐슈타인은 우리의 이런 오랜 습성을 알고 있었던 걸까? 그가 남긴 이야기는 오래 가슴에 품고 있어야 한다.

> "우리는 마찰이 없기 때문에 어떤 의미에서는 이상적인 조건인 미끄러운 얼음에 올라섰지만 동시에 바로 그 이유로 인해 걸을 수 없게 된 것이다. 우리는 걷고 싶다. 따라서 마찰이 필요하다. 거친 땅으로 돌아가라!"
>
> – 『철학적 탐구』 중에서

비트겐슈타인이 어째서 '천재 중의 천재'일까?

우리가 이름을 기억하고 있는 철학자들은 대부분 천재라는 칭호를 붙여주기에 손색이 없다. 하지만 그중에서도 비트겐슈타인은 유독 반짝거린다. 그의 반짝이는 천재성에 대해 이야기해보자. 철학사적 관점과 개인사적 관점에서 그가 왜 천재 중의 천재인지 논할 수 있다. 우선 철학사적 관점에서 말해보자.

근대철학의 전통에 따르면, 인간이 세계를 인식하는 방법은 크게 두 가지다. 합리론과 경험론. 인간은 순수한 이성으로 세계를 인식하거나^{합리론} 감각적인 경험을 통해서 세계를 인식한다^{경험론}라고 보았다. 데카르트와 같은 합리주의자는 전자의 경우이고, 로크나 흄과 같은 경험주의자는 후자의 경우에 속한다.

더 나아가 근대철학은 인간이 갖는 이성 혹은 경험의 구조를 파악하는 것을 통해 인간이 인식하는 세계의 구조도 파악할 수 있다고 보았다. 이런 관점은 긴 시간 근대철학을 떠받쳐왔다.

칸트는 합리주의와 경험주의를 종합함으로써 철학사적으로 높은 평가를 받는다. 하지만 근본적으로 합리주의와 경험수의를 벗어난 것은 아니었다. 반면에 비트겐슈타인은 근대철학의 두 가지 관점 자체를 해체해버린다. 인간은 (이성도 경험도 아닌) '언어'를 통해서 세계를 이해한다고 그는 보았다. 따라서 그는 언어의 구조에 대한 탐구를 통해서 우리가 이해하는 세계의 구조를 파악하려고 했다. 이와 같이 언어를 세계 이해의 통로로 보는 입장은 그의 사상 전후기에 걸쳐서 변함이 없다. 비트겐슈타인은 세계를 언어적 관점에서 해석함으로써 합리론과 경험론이라는 근대적 두 축을 근본적으로 뒤흔든다.

개인사적 관점에서도 비트겐슈타인의 천재성은 번뜩인다. 많은 철학자들은 후대 철학자에게 비판받는다. 거칠게 말해, 후대 철학자의 맹렬한 공격에 의해 이전 철학자의 사유는 무너진다. 하지만 비트겐슈타인은 달랐다. 자신의 전기 철학을 스스로 무너뜨렸다.

말하자면, 장년 비트겐슈타인이 청년 비트겐슈타인을 무너뜨린 셈이다. 청년 비트겐슈타인은 '그림이론'으로 '말할 수 있는 것'과 '말할 수 없는 것'을 구분하기만 하면 완벽한 의사소통이 가능하다고 확신했다. 확신에 차서 '철학을 끝냈노라!' 말했다.

하지만 장년 비트겐슈타인은 겸허히 자신의 한계를 인정한다. 언어게임, 즉 '삶의 맥락 속의 다양한 언어 규칙을 받아들여야 진정한 의사소통이 가능하다'는 장년 비트겐슈타인의 주장은 그 통찰 자체로도 번쩍인다. 이는 장년 비트겐슈타인이 청년 비트겐슈타인의 철학을 스스로 비판했다는 측면에서 더욱 번쩍인다.

천재는 비판받는다. 하지만 천재 중의 천재는 결코 비판받지 않는다. 왜?

누구보다 먼저 자신이 스스로를 맹렬히 비판하기 때문이다. 그래서 비트겐슈타인은 명실공히, 천재 중의 천재다.

패러다임의 철학자

토마스 쿤

토마스 쿤은 미국의 과학철학자다. 한동안, 어쩌면 지금까지도 유지되고 있는 과학에 관한 믿음이 있다. '과학은 합리적인 가설과 객관적인 실험을 통해 점진적·연속적·누적적으로 발전한다'라는 믿음. 하지만 쿤은 과학에 대한 이런 전통적 믿음을 해체하고, 과학은 비약적·불연속적·단절적으로 발전한다고 주장했다.

쿤은 '과학혁명'과 '패러다임'이란 개념으로 과학사에 대한 자신의 통찰을 보여주었다. 과학의 역사는 '과학혁명'이라는 사건을 통해 비약, 불연속, 단절적인 과정으로 진행된다는 사실을 논증했다. 또한 그런 과정을 통해 한 시대 사람들이 진리처럼 믿었던 사고방식의 틀, 즉 '패러다임'이 전환된다고 주장했다.

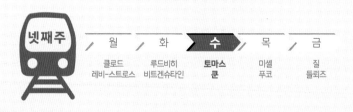

Thomas Samuel Kuhn: 1922년 7월 18일~1996년 6월 17일

그가 직접적으로 보여준 통찰은 분명 과학사에 한정된 측면이 있다. 하지만 그의 통찰은 역사철학적인 측면까지 닿아 있다. 한 시대를 지배하는 인식구조가 있지만 그것은 영원한 진리가 아니라 시대마다 그 시대를 지배하는 인식구조가 있다는 역사철학적인 통찰은 쿤의 패러다임이라는 개념과 놀랍도록 닮아 있다.

주요 저서로는 『과학혁명의 구조』가 있다.

패러다임 I

토마스 쿤은 '패러다임'이라는 개념부터 시작하자. 패러다임은 희랍어, '파라데이그마'paradeigma에서 유래했다. '파라데이그마'는 패턴pattern, 모형model, 사례example라는 의미를 갖고 있다. 토마스 쿤은 자신의 저서 『과학혁명의 구조』에서 이 '패러다임'을 언급했다. 패러다임이 무엇인지 쿤의 이야기를 직접 들어보자.

> "패러다임은 방법들의 원천이요, 문제 영역이며, 어느 주어진 시대의 어느 성숙한 과학자 사회에 의해 수용된 문제풀이의 표본이다."
>
> –『과학혁명의 구조』 중에서

쿤은 패러다임을 '방법들의 원천'이라고 했다. 풀어서 말하자면, (문제를 풀) 방법은 생각해야 알 수 있다. 그러므로 '방법들의 원천'은 '방법들을 생각해내는 원천'이라 할 수 있다. 이것이 '패러다임'이다. 구체적인 하나의 방법이 '생각'이라면, 그런 생각들이 흘러갈 수 있게 하는 원천이 바로 '패러다임'이다. 난해하다. 예를 들어보자. 우리 시대의 '패러다임'은 뭘까? 단연 자본주의다. 우리는 '컴퓨터', '꽃', '부모', '사랑', '죽음'을 자유롭게 생각하고 그것에 대한 방법을 찾을 수 있다. 하지만 그런 생각은 모두 특정한 원천을 따라 흐른다.

"저 컴퓨터를 사려면 얼마를 벌어야 할까?" "저 꽃은 얼마일까?" "부모에게 용돈은 얼마를 줘야 할까?" "돈도 없는 주제에 그녀를 사랑해도 될까?" "내혹은 그가 죽으면 보험금은 얼마나 나올까?" 우리의 생각^{방법}들은 자유롭게 흘러가는 것처럼 보이지만 실은 전혀 그렇지 않다. 그 생각^{방법}들은 모두 '자본주의'^{패러다임}라는 특정한 원천을 따라 흐른다. 그 특정한 원천 안에서만 사고할 수 있기에 패러다임은 '사고방식의 틀'이라고 말할 수 있다.

이번에는 "어느 주어진 시대"라는 표현에 주목해보자. 패러다임은 분명 "성숙한 과학자 사회에 의해 수용된 문제풀이의 표본"^{사고방식의 틀}이지만, 그것은 "어느 주어진 시대"의 산물이라는 것이다. 달리 말해, 인간은 '패러다임' 밖에서 사고할 수 없지만 그것은 어느 주어진 시대에만 그렇다는 의미다.

코페르니쿠스 이래로 지금까지 '지동설'^{지구가 태양을 중심으로 돈다}은 우리의 '패러다임'이자 우리 시대 '성숙한 과학자 사회에 의해 수용된 문제풀이의 표본'이다. 우리는 지동설이라는 '패러다임' 안에서 사고한다. 하지만 '지동설'이라는 사고방식의 틀이 언제나 유효했던 것은 아니다. 과거 "어느 주어진 시대"의 패러다임은 프톨레마이오스의 '천동설'^{태양이 지구를 중심으로 돈다}이었다. 그때는 모든 사고방식이 '천동설'이라는 틀 안에서 이루어졌다.

이처럼 패러다임은 시대마다 다르다. 토마스 쿤에 따르면, 패러다임은 분명 모든 사람들이 벗어날 수 없는 '사고방식의 틀'이지만 고정불변의 진리는 아니다. 패러다임은 주어진 시대마다 다르니까. 이로써 패러다임의 특징 두 가지를 정리할 수 있다. 첫째, 패러다임은 어떤 생각을 가능케 하는 '사고방식의 틀'이라는 것. 둘째, 패러다임은 시대마다 다르다는 것. 같은 맥락에서 쿤은 패러다임의 전환에 따라 과학 자체가 다시 정의된다고 말한다. 쿤의 이야기를 직접 들어보자.

"새로운 패러다임의 승인은 필연적으로 상응하는 과학을 다시 정의하도록 만드는 경우가 많다. 옛날 문제들은 더러 다른 과학 분야로 이관되거나 또는 완전히 '비과학적'인 것이라고 선언되기도 한다. 이전에는 존재하지 않았거나 또는 사소해 보였던 여러 문제들이 새로운 패러다임의 등장과 더불어 유의미한 과학적 성취의 원형이 될 수 있다. 그리고 문제들이 바뀜에 따라서 단순한 형이상학적 추론, 용어놀음 또는 수학적 조작으로부터 참된 과학적 해답을 구별 짓는 기준도 바뀌게 되는 일이 흔하다."

– 『과학혁명의 구조』 중에서

정말 그렇지 않은가? 타임머신을 타고 프톨레마이오스의 '천동설'이 패러다임이었던 시대로 가보자. 그 시대의 과학자들은 과학적인가? 아니다. 지극히 비과학적이다. "새로운 패러다임의 승인은 필연적으로 과학을 다시 정의하도록" 만들기 때문이다. 다시 정의된 과학^{지동설} 이전의 과학^{천동설}은 너무나 비과학적이다. 패러다임의 전환은 "참된 과학적 해답을 구별 짓는 기준도 바뀌게" 만든다. 그러니 당연히 "옛날 문제들은 더러 다른 과학 분야로 이관되거나 또는 완전히 '비과학적'인 것이라고 선언되기도" 하는 것이다.

정상과학

이제 두 가지 패러다임이 있다는 것을 알 수 있다. 과거의 패러다임과 현재의 패러다임. 두 가지 패러다임에 대해 논의하기 위해서 알아야 할 개념이 있다. '정상과학'이다. 정상과학은 쉽게 말해, 교과서다. 학창시절을 떠올려보자. 우리는 공부할 때 이것저것 생각하고 의문을 가진다. 하지만 그 생각과 의문의 기반은 교과서다. 교과서 자체에 대해서는 어떠한 경우도 의심하거나 의문을 제기하지 않는다. 이것이 정상과학이다.

쿤에 따르면, 어느 주어진 시대에 정해진 패러다임에 근거해 근본적인 의문이 제기되지 않은 채 수행되는 과학이 '정상과학'이다. 대표적인 예가 18세기의 '연소^{phlogiston}설'이다. 이는 물체 안에 플로지스톤^{phlogiston}이라는 요소가 있는데, 물체가 연소할 때 그 요소가 바깥으로 나온다는 설이다. 아마도 표면적 관찰에 의한 결론이었을 테다. 물체가 연소하면 재가 남는다. 즉, 물체가 연소함으로써 체적이 줄어든다. 이런 표면적 관찰에 의해 무엇인가가 빠져나갔다는 결론에 도달했을 테다.

'연소설'은 한때 '정상과학'의 자리에 있었다. 그래서 의문이 제기되지 않았다. 하지만 실제로는 어떤가? 연소는 물체로부터 어떤 요소^{플로지스톤}가 빠져나오는 것이 아니라 오히려 더해지는 것이다. 즉 물체가 공기 중의 산소와 결합하는 것이다. 이는 연소 후에 재, 연기, 이산화탄소, 그 밖의 산화물들을 모아서 무게를 측정하는 엄밀한 실험으로 간단히 증명된다. 그럼, 이제 사람들은 '정상과학'을 벗어날 수 있을까?

아니다. 어떤 경우에도 정상과학은 의심의 대상이 아니다. 엄밀한 실험으로 연소 후에 중량이 증가되었다는 증명이 되어도 마찬가지다. '연소설'이라는 '정상과학'에 사로잡힌 이들은 이 실험을 이렇게 해석할 것이다. "플로지스톤이라는 요소의 질량은 마이너스 성질을 갖고 있다. 하여, 플로지스톤이 빠져나가서 중량이 증가되는 것이다." 이미 자리 잡은 '정상과학'은 어떠한 종류의 엄밀한 실험으로도 논박될 수 없다. 어떠한 상황에서도 의문이 제기되지 않는다.

패러다임은 정상과학이다. 과거의 패러다임이 전前 정상과학이라면, 현재의 패러다임은 현現 정상과학이다. '정상과학'이 한 시대의 '패러다임'이 되어 '교과서'화 되면 그것은 결코 의심받지 않는다. 엄밀한 실험으로 정상과학이 의심되고 해체되는 것이 아니라, 오히려 그 실험은 '정상과학'의 틀 안에서 해석되고 짜맞춰진다. 근대의 긴 시간, 과학이란 실험을 통해 오류를 밝히고 올바른 법칙을 진리로 이끌어내는 과정이라고 여겨져 왔다. 하지만 쿤은 과학은 '정상과학'을 강화하는 실험 결과만 받아들이고 현재의 패러다임을 정당화·고착화시키는 기능을 한다는 사실을 폭로한다.

과학혁명

그렇다면 의문이 든다. 과학은 발전하지 않는가? 쿤의 말처럼, 어느 시대의 주어진 패러다임은 정당화·고착화되기만 한다면 과학 혹은 과학사의 진보는 없는 것 아닌가? 하지만 우리는 천동설로부터, 연소설로부터 벗어나지 않았는가. 분명 이전 패러다임을 폐기하고 새로운 패러다임을 가지고 살고 있지 않나? 우리는 과학의 발전을 체감하고 있지 않은가? 이것은 어떻게 가능했을까?

'과학혁명'으로 가능하다. 정상과학은 과학혁명이 일어난 이후에 만들어진다. '과학혁명'에서 방점은 '혁명'에 찍어야 한다. 쿤의 철학사적 업적은 분명하다. 패러다임^{과학}은 연속적이고 누적적으로 발전하는 것이 아니라 '혁명'의 속성인 불연속적이고 단절적인 과정을 거치면서 발전한다는 사실을 밝힌 것이다. 패러다임^{정상과학}은 점진적, 연속적, 누적적으로 변하는 것이 아니다. 불연속적이고 단절적인 어떤 지적인 '혁명'에 의해 변한다. 바로 그 혁명이 '과학혁명'이다.

쿤에 따르면, '과학혁명'은 "한 패러다임이 다른 패러다임을 대체하는 시간이다." 프톨레마이오스의 생각^{천동설}을 대체한 코페르니쿠스의 '지동설', '시간과 공간은 불변적이고 절대적이다'라는 뉴턴의 생각^{고전 물리학}을 대체한 아인슈타인의 '상대성이론'이 과학혁명의 대표적 사례다. 이런 불연속과 단절을 야기하는 (과학) '혁명'을 통해, 이전의 패러다임은 폐기되고 새로운 패러다임이 도래한다. 쿤은 과학혁명에 의해 패러다임의 전환이 일어나고 이러한 과정을 통해 과학이 발전한다고 보았다.

주목해야 할 점은 패러다임의 전환이 갖는 의미다. 패러다임이 바뀐다는 것은 단순히 생각이 바뀌는 정도의 문제가 아니다. 근본적인 차원의 문제다. 패러다임은 사고방식의 틀이기에, 패러다임이 바뀐다는 것은 세상을 바라보는 세계관 자체가 전환된다는 의미다. '천동설' 패러다임을 가진 사람은 독선적인 세계관을 가질 개연성이 크다. 모든 행성이 지구를 중심으로 돌 듯, 그 지구에 사는 자신 역시 세상의 중심이라 여기기 쉬운 까닭이다.

반면, 지동설을 패러다임으로 가진 사람은 전혀 다른 세계관을 갖게 될 수밖에 없다. 그들은 자기중심적인 세계관에서 벗어나 입체적인 세계관을 가질 개연성이 크다. 지구 역시 다른 행성과 마찬가지로 태양 주위를 돌 듯, 자신 역시 세상의 중심이 아니기에 세상을 입체적으로 조망할 개연성이 커지기 때문이다. 이처럼, 과학혁명이 야기한 패러다임의 전환은 세계관 자체도 변화시킨다. 쿤의 "코페르니쿠스 이래로, 천문학자들은 다른 세계에 살았다"라는 말은 단순한 과장법이 아니다.

패러다임 Ⅱ

이제 '패러다임'의 또 하나의 특징에 대해서 알 수 있다. 쿤의 이야기를 직접 들어보자.

> "과학혁명으로부터 출현하는 정상과학적 전통은 앞서간 것과는 양립되지 않을 뿐만 아니라, 통약 불가능한 것이다."
> – 『과학혁명의 구조』 중에서

'과학혁명'은 한 시대의 정상과학^{패러다임}을 붕괴시키고 다음 시대의 정상과학^{패러다임}을 탄생시키게 된다고 앞서 말했다. '과학혁명'은 그렇게 전前 패러다임과 현現 패러다임을 탄생시킨다. 이제 쿤은 그 두 가지 패러다임이 어떤 관계 속에 있는지를 설명한다. 첫째, 두 패러다임은 함께 존재할 수 없다^{양립 불가}라고 말한다. 그리고 두 패러다임은 한꺼번에 묶어 낼 수 있는 어떤 공통분모도 없다^{통약 불가}라고 말한다.

이제 왜 쿤이 '과학은 연속적·누적적인 선형식 발전이 아니라 불연속적·단절적 계단식으로 발전한다'고 보았는지 알겠다. 현現 정상과학은 '혁명'에 의해서 탄생한 것이기 때문에 전前 정상과학과 양립 불가능하고 통약도 불가능하다. 인류의 모든 '혁명'을 생각해보라. 혁명의 전날과 다음 날은 양립도 불가하고, 통약도 불가할 정도로 불연속적, 단절적인 변화를 맞이하지 않았던가.

> "교과서들은 과학혁명이 일어난 후에야 만들어진 것들이다. 교과서들은 정상과학의 새로운 전통에 대한 기반이다."
> – 『과학혁명의 구조』 중에서

쿤의 이야기는 깊은 통찰을 준다. 교과서는 정상과학 혹은 패러다임의 상징이다. 하여, 의심해서도 안 되고, 의심할 수도 없다. 그것은 사고방식의 틀이니까. 하지만 과학혁명을 통해 이전 교과서는 폐기되고 새로운 교과서가 만들어지지 않았던가. 우리가 절대적이며 불변하는 사실이라고 굳게 믿고 있는 것은 단지 '지금 여기'의 정상과학이며, 패러다임일 뿐이다. 우연적으로 마주칠 과학혁명을 통해 그리도 굳게 믿었던 정상과학과 패러다임이 황당한 믿음이었음을 깨닫게 될지도 모른다. 어쩌면 쿤은 우리에게 이렇게 말하고 있는 것인지도 모르겠다. "패러다임마저 의심하라!"

토마스 쿤이 '개종'을 말한 이유?

패러다임은, 그것의 전환은 고사하고 의심조차 어렵다. 패러다임은 사고방식의 틀, 즉 세계관인 까닭이다. 그래서 한 시대, 한 사람의 패러다임은 너무나 견고하다. 균열은 고사하고 웬만해서는 흔들리지조차 않는다. 그래서 언제나 주어진 어느 시대의 패러다임에 갇혀 산다. 그 이유에 대해 쿤은 이렇게 말한다.

"패러다임으로부터 패러다임으로의 이행은 강제될 수 없는 개종경험(conversion experience)이다. …… 옛 전통을 신봉하는 이들이 일생에 걸쳐 벌이는 …… 저항의 근원은 결국 옛 패러다임이 모든 문제를 풀어주리라는 확신, 즉 자연이 패러다임에 의해 제공되는 틀 속으로 맞춰진다는 확신에 있다. …… 혁명기에는 그런 확신은 고집스럽고 완고하게 여겨질 수밖에 없다."
–『과학혁명의 구조』 중에서

쿤은, 패러다임의 전환은 개종경험이라고 말한다. 말하자면 기독교인이 불교 신자가 되는 경험이다. 이런 일은 '없다!'라고 단언할 수 있을 정도로 드문 일이다. 왜 그럴까? "옛 전통을 신봉하는 이들"이 항상 저항하기 때문이다. 이 저항은 극렬하고 집요하다. "옛 패러다임이 모든 문제를 풀어주리라는 확신"을 갖고 있으니까. 그러니 이미 갖고 있는 패러다임의 "확신은 고집스럽고 완고하게 여겨질 수밖에 없는" 것이 당연한 일이다.

쿤이 왜 패러다임을 의심하고 전환하는 것을 개종경험에 빗대었는지 알겠다. 패러다임의 전환은 결코 외부에서 시작될 수 없기 때문이다. 앞서 살펴보았듯, 엄밀한 실험으로 연소 후에 중량이 증가했다는 사실의 발견으로는 '연소설'이라는 패러다임의 의심과 전환은 요원하다.

결국 패러다임의 전환도, 그걸 이끌어낼 (과학)혁명도 우리 내부에서 시작될 수밖에 없다. 쿤이 개종경험을 말한 이유를 알겠다. 내면에서 가장 극렬한 정서적 불안정을 불러일으키는 것이 개종경험 아닌가. '개종경험을 받아들일 수 있느냐 없느냐'라는 질문에 패러다임의 의심과 전환 가능 여부가 달려있다. 쿤은 패러다임의 의심과 전환은 내면의 강건함이 없다면 영원히 불가능한 문제임을 말하고 싶었던 것일 테다. 개종의 경험을 받아들일 정도의 내면의 강건함 말이다.

도서관의 고고학자

미셸 푸코

미셸 푸코는 프랑스의 대표적인 철학자다. 푸코는 독특하다. 독특해서 매력적이다. 많은 철학자들은 모든 시대를 관통할 수 있는 거대하고 추상적인 형이상학적 이론을 발견하거나 만들려고 했다. 하지만 푸코는 정반대였다. 특정한 시대 혹은 그 시대의 구체적이고 개별적인 사건에 집중했다. 그가 도서관에서 가장 많은 시간을 보낸 이유도 그래서였다. 거대한 형이상학 이론을 만들기 위해서가 아니라, 구체적이고 개별적인 실증적 자료를 발굴하고 분석하기 위해서였다.

푸코는 그렇게 시대나 사건을 설명할 수 있는 이론을 만들어나갔다. 그런 의미에서 푸코는 고고학자다. 도서관의 고고학자. 고고학자들이 오지를 돌며 유적과 유물을 찾아 과거의 문화와 역사를 연구하려 했다면, 푸코는 과거의 문화와 역사

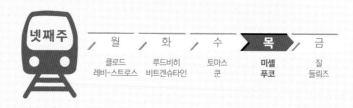

를 연구하기 위해 도서관에서 그 유적과 유물을 찾으려 했다. 푸코의 이런 고고학적 면모는 니체의 계보학^{계보 혹은 족보를 통해} ^{역사를 연구하는 방법}적 방법론과 맞닿아 있다.

푸코의 철학사적 업적은 고고학과 계보학적 방법론을 통해, 인간이 어떻게 정치권력에 의해 길들여지는지를 적나라하게 폭로했다는 점에 있다. 푸코는 스스로 주체화되려는 노력을 하지 않는다면 정치권력에 의해 육체와 정신이 모두 길들여져 순종적인 존재가 될 수밖에 없다고 진단했다.

주요 저서로는『광기의 역사』,『말과 사물』,『감시와 처벌』, 『성의 역사』,『주체의 해석학』등이 있다.

처벌

　푸코의 많은 저작 중『감시와 처벌』에 대해 알아보자.『감시와 처벌』은 '감금은 처형보다 인간적인 형벌인가?'라는 질문에 대한 답이다. 푸코는 이 과정에서 권력이 개인의 육체와 정신을 어떻게 순종시켜 왔는지를 폭로한다. 달리 말해 권력이 육체와 정신을 순종시키는 방법이 어떻게 변해 왔는지를 드러낸다. 푸코는 이 저작을 통해 '감시'와 '처벌'의 역사를 집요하고 치밀하게 추적했다.

　『감시와 처벌』에 따르면, 애초 '처벌'은 끔찍한 공개처형이었다. 이러한 형식의 '처벌'은 봉건적 사회의 왕^{군주}권에 기초한 것이었다. 끔찍한 처형을 공개한 데는 이유가 있다. 대중들에게 강렬한 공포를 각인시켜 범죄나 체제 전복적 시도^{쿠데타, 모반}를 차단하기 위해서였다. 이러한 '처벌'은 "하지 말라는 짓을 하면 대가를 치르게 될 거야!"라는 일종의 '보복'의 성격을 갖고 있었다. 처벌의 역사를 추적하던 푸코는 '보복'이었던 처벌이 다른 형식의 처벌로 변하기 시작한 시점에 주목한다.

　18세기에 이르러 '보복'은 '길들임'^{훈육; discipline}으로 바뀐다. 범죄자도 인간 이라는 점을 발견한 것이다. 이 발견은 '행형제도^{사회복귀를 위해 범법자에 대한 교}

정·교화 교육을 시키는 제도의 길들임훈육 과정을 통해 새로운 인간으로 변화시켜야 한다'는 인식의 변화를 가져왔다. 푸코에 따르면, 이 과정에서 감옥은 단순한 '처벌권력'에서 규율에 의해 법적 주체로 훈련·교정·교화시키는 '길들임권력'으로 변화하게 된다. 지금 우리가 알고 있는 교도소라는 개념은 이렇게 탄생했다. 교도소는 '치형'의 장소가 아닌 '교정' 즉 길들임과 훈육의 장소다.

팬옵티콘

이제 의문이 생긴다. '처형'은 잔혹한 만큼 순종적인 인간을 만들기에 효과적이다. 하지만 '길들임'훈육은 '처형'만큼 잔혹하지 않기에 순종적인 인간을 만들기 어려워 보이기도 한다. 거칠게 말해, 때리면 즉각적으로 말을 듣게 할 수 있지만 타일러서는 말을 듣게 하기 어려워 보인다. '길들임'훈육은 어떻게 '순종'을 만들까? 푸코는 이 지점에서 '팬옵티콘'panopticon이라는 개념을 이야기한다. 푸코의 이야기를 직접 들어보자.

> 주위는 원형의 건물로 에워싸여 있고, 중앙에는 탑이 하나 있다. 탑에는 원형건물 안쪽으로 향해 있는 여러 개의 큰 창문들이 뚫려 있다. …… 중앙의 탑 속에 감시인을 한 명 배치하고, 모든 독방 안에는 광인이나 병자, 죄수, 노동자, 학생 등 누구든지 한 사람씩 감금할 수 있게 되어 있다.
>
> – 『감시와 처벌』 중에서

팬옵티콘panopticon은 말 그대로 '전부'pan '본다'opticon는 의미다. 즉, '일망감시체계'다. 이는 '제러미 벤담'이 고안한 감옥 설계 방법이다. 전통적인 감옥은 죄수들을 한데 모아놓고 간수는 따로 떨어져 있는 형태였다. 하지만 팬옵티콘은 한 명^{간수}이 전부^{죄수}를 감시할 수 있는 형태다. 한 명의 간수가 가운데 탑에 있고, 그 탑 주위로 여러 개의 방이 있다. 죄수는 각 방에 따로 갇힌 구조다. 팬옵티콘은 간수들은 죄수들을 볼 수 있지만 죄수들은 간수를 볼 수 없는 감옥이다. 이 팬옵티콘에 대해서 푸코는 설명을 덧붙인다.

> "팬옵티콘은 '바라봄-보임'의 결합을 분리시키는 공간이다. 즉, 주위를 둘러싼 원형의 건물 안에서는 아무것도 보지 못한 채 완전히 보이기만 하고 중앙부의 탑 속에서는 모든 것을 볼 수 있지만 결코 보이지 않는다."
>
> – 『감시와 처벌』 중에서

팬옵티콘은 '바라봄과 보임의 결합을 분리'시킬 뿐, 무자비하게 죽이거나 잔혹하게 고문하지 않는다. 그래서 인간적인 것처럼 보인다. 육체에 직접적인 고통을 가하는 공간이 아니라 길들이고^{훈육} 교정·교화하는 공간이니까. 그런데 우리의 믿음처럼 죽이고 고문하는 '처벌'의 공간보다 길들이고 교정하는 팬옵티콘이 정말 더 인간적인 것일까? 여기서 푸코는 '감시'라는 주제에 대해 이야기를 꺼낸다.

감시

팬옵티콘의 핵심은 '감시'다. 여기서의 감시는 일반적 감시, 즉 그저 지켜보는 것 이상의 의미다. 신체에 대한 면밀한 통제를 가능하게 하고, 신체를 항상 속박할 수 있고, 효율적으로 순종을 이끌어낼 수 있는 방법으로서의 '감시'다. 예를 들어 6시에 일어나야 하고, 7시에 밥을 먹어야 하며, 오후 2시에 청소를 하고, 오후 4시에 운동을 하고, 밤 9시에는 잠을 자야 하는 등 면밀하게 통제되고 신체가 항상 속박된 생활 속에서 이루어지는 '감시'다. 이른바 규율과 지도를 위한 '감시'다.

푸코에 따르면, 길들임과 교정·교화를 목표로 하는 대표적 공간인 감옥에서 이러한 규율과 지도를 위한 '감시'가 발전하게 되었다. 누구보다 영민했던 푸코는 논의를 여기서 멈추지 않는다. 푸코는 팬옵티콘이라는 감옥이 사회 도처에 존재하고 있다고 말한다. 이러한 푸코의 통찰은 번뜩이는 동시에 섬뜩하다. 감옥에 갇힌 죄수만이 아니라, 평범한 일상을 살아가는 사람들 역시 규율과 지도를 위한 '감시'를 통해 길들여지고 있다는 말이니까. 푸코의 이야기를 직접 들어보자.

"팬옵티콘이라는 장치는 아주 다양한 욕망으로부터 권력의 동질적 효과를 만들어내는 경이로운 기계장치다. 현실적인 예속화는 허구적인 관계로부터 기계적으로 생겨난다. 따라서 죄인에게 선행을, 광인에게 안정을, 노동자에게 노동을, 학생에게 열성을, 병자에게 처방의 엄수를 강요하기 위해서 폭력적 수단에 의존할 필요가 없다."
– 『감시와 처벌』 중에서

먼 옛날부터 "현실적인 예속화", 즉 노예를 구속하려는 권력은 항상 있었다. 과거에는 예속화^{속박}가 고문하고, 때리고, 죽이는 '폭력적인 수단'으로 가능했다. 그런데 권력의 입장에서 생각해보면 때리느라 힘들고 피가 사방에 튀어 지저분한 이런 일은 얼마나 번거롭고 비효율적인가. 권력은 드디어 간편하고 깔끔한 기계장치를 발견해낸다. 팬옵티콘이라는 "아주 다양한 욕망으로부터 권력의 동질적 효과를 만들어내는 경이로운 기계 장치"가 바로 그것이다.

팬옵티콘에서 발전된, 감시를 통한 길들임의 기술은 이제 학교와 군대, 공장으로 확대된다. '팬옵티콘'이라는 통제와 길들임의 원형적 모델이 사회 구석구석으로 스며들게 된다. 그 과정에서 죄인, 광인, 노동자, 학생, 병자 모두 "폭력적 수단에 의존할 필요 없이도" 노예화^{예속화}가 가능하다. 이러한 맥락에서 푸코는 "사회 전체가 하나의 감옥"이라는, 번뜩이지만 동시에 섬뜩한 주장을 했던 것이다.

푸코는 오랜 시간 속박시키고 감시하는 처벌이, 잔혹하지만 신속하게 죽음으로 이르는 공개처형보다 더 큰 공포를 담고 있다고 말한다.

생체권력

이제 '생체^{생명}권력'이라는 난해한 개념을 이해할 준비가 되었다. '생체^{생명}권력'은 '생체^{생명}에 대한 권력'이다. 즉, 생체^{생명}에 대해 가해지는 권력이 바로 생체권력이다. 푸코에 따르면, 이 생체권력은 '육체규율'과 '인구조절'이라는 두 가지 형태로 존재한다. 먼저, '육체규율'로서의 생체권력에 대해 푸코는 이렇게 이야기한다.

> "육체의 조련, 육체적 적성의 최대화, 육체적 힘의 착취, 육체의 유용성과 순응성의 동시적 증대, 효과적이고 경제적인 통제체제로의 육체의 통합, 이 모든 것은 '규율'을 특징짓는 권력절차, 즉 '인체의 해부-정치'에 의해 보장되었다.
>
> – 『성의 역사 1』 중에서

팬옵티콘으로부터 시작된, 감옥·학교·군대·직장의 일상적 감시를 통한 길들임은 우리의 육체에 가해진다. 육체를 조련하고, 육체의 힘을 착취하고, 육체를 유용하게 만드는 과정을 통해 순응^{복종}하게 만든다. 그렇게 우리는 감옥·학교·군대·직장에 순응^{복종}하는 육체로 길들여지는 것이다. 이처럼 '육체규율'을 통해 신체에 직접 작용하고 신체에 새겨지는 권력이 바로 '생체권력'이다.

'생체권력'은 구체적으로 어떤 것일까? 영화 『쇼생크 탈출』에는 평생을 감옥에 있다가 출소해서 사회로 나온 흑인 노인이 등장한다. 그는 간수의 허락을 받고서야 소변을 보러 갈 수 있는, '감시'받는 생활을 아주 오랫동안 해왔다. 그 노인은 출소해서 자유로운 사회로 나왔지만 누군가의 허락이 없으면 소변조차 볼 수 없다. 그런 육체로 이미 길들여졌기 때문이다. "40년 동안 허락을 받고 오줌을 누러 갔다. 허락을 안 받으면 한 방울도 안 나온다"라는 그 노인의 화장실 독백 장면은 생체권력이 어떤 것인지 상징적으로 보여준다.

집, 학교, 군대, 직장도 마찬가지다. 정도와 종류의 차이만 있을 뿐 이런 식으로 우리의 육체와 내면은 이미 길들여져 있다. 부모가, 선생이, 상사가, 사장이 허가하지 않는 일을 할 때 우리 역시 기묘한 불안감에 휩싸인다. 푸코는 특정한 권력이 우리의 몸 구석구석을 미시적으로 지배한다는 점에서 '생체^{생명}권력^{bio-power}'이란 용어를 사용했다.

푸코에 따르면, '생체권력'은 육체와 정신을 순종시키는 것에 머물지 않는다. 이는 한 개인의 문제다. 하지만 '생체권력'은 한 개인을 넘어 사회 전체를 순종시키고 복종시키려 한다. 이는 '인구조절'을 통제함으로써 가능하다. 즉 출생률, 사망률, 건강 수준, 수명 관리 같은 조건의 조절을 통해 한 개인을 넘어서 사회 전체를 순종, 복종시키고 통제하려고 한다.

'아들 딸 구별 말고 하나만 낳아 잘 기르자!' 혹은 '다둥이가 행복이다!' 시대마다 극명하게 달라지는 정부의 슬로건은 '생체권력'이 출생률과 사망률을 상황에 맞게 통제하려는 의도를 노골적으로 보여준다. 국가 차원의 각종 의료 지원을 하는 것 역시 생체권력의 작동이다. 그렇게 건강 수준, 수명 관리를 통해 인구조절을 가능케 하려는 것이니까.

이런 예들은 생체권력이 사회적 차원에서 어떻게 작동하는지를 여실히 드러낸다. 결국 '생체권력'이란 특정한 권력이 우리 인간의 신체에 개입하고 길들여서 인간과 사회를 조절하고 통제하는 권력이다.

푸코가 '생체권력'을 강조한 이유?

'처형과 감시 중 어떤 것이 더 비인간적인가?' 푸코가 우리에게 묻는 질문이다. 우리는 두 말할 것 없이 잔혹하고 끔찍한 처형이 더 비인간적이라고 믿는다. 그래서 우리는 '처형'보복에서 '감금'길들임으로 변화한 것은 사회적 진보라고 믿는다. 하지만 푸코는 우리의 이런 일반적인 믿음에 금을 낸다. 푸코는 오랜 시간 감금하고 감시하는 길들임이, 잔혹하지만 신속하게 죽음에 이르게 하는 처형보다 더 큰 공포를 담고 있다고 말한다.

푸코는 어떤 근거로 그리 말했을까? 과거 '처형권력'은 칼로 상징되는 권력이다. 즉, '죽게 만들고 살게 내버려두는' 권력이다. 하지만 '생체권력'은 놀랍게도 그 반대로 기능한다. 즉, '살게 만들고 죽게 내버려두는' 권력이다. 이것이 '처형권력'보다 '생체권력'이 더 집요하며 더 무섭고 그래서 더 비인간적인 이유다. 푸코의 이야기를 직접 들어보자.

"19세기 정치적 권리에서 발생한 가장 대대적인 변화 중 하나는 바로 주권의 이 오래된 권리, 즉 죽게 만들거나 살게 내버려두는 권리가 새로운 다른 권리에 의해 대체까지는 아니더라도 보완됐다는 것에 있다고 저는 생각합니다. …… 즉, 살게 '만들고' 죽게 '내버려두는' 권력이 된 것이죠. 그러니까 주권의 권리란 죽게 만들거나 살게 내버

려두는 권리입니다. 그런 뒤에 새로운 권리가, 즉 살게 만들고 죽게 내버려두는 권리

가 정착하게 됩니다."

— 『사회를 보호해야 한다』 중에서

정말 그렇지 않은가? '생체권력'은 얼마나 무섭고 집요한가. '죽게 만들고 살게 내버려두는' 권력^{고문, 처형}에는 저항할 수 있다. 최소한 정신만은 굴복당하지 않는다. "내가 지금 네 말을 따르는 이유는 네가 칼을 쥐고 있기 때문이야!"라고 말이다. 하지만 '살게 만들고 죽게 내버려두는' 권력^{감시, 훈육}은 어떤가? 최소한의 저항조차 할 수 없다. 감시를 통해 서서히 길들여 나가는 '생체권력'은 이미 저항이 불가능하다. 우리의 정신마저 굴복시켰기 때문이다. "나를 살게 해주시는 분들에게 감사하며 살아야지!"라고 말이다.

다들 경험해보지 않았을까? 성적이 떨어졌을 때, 다짜고짜 때리는 선생에게는 반항이라도 할 수 있다. 하지만 조용히 지켜보고 있다가 "너에게 실망했다"라고 훈육하고 길들이는 선생에게는 제대로 된 반항조차 할 수 없지 않았던가. 하지만 잊지 말아야 한다. 그토록 하기 싫은 공부를 꾸역꾸역 하게 만드는 선생^{부모}은 때리는 선생^{부모}이 아니라, 조용히 감시함으로써 길들이고 교정하려는 선생^{부모}이었음을. 끔찍하게도, 그런 선생^{부모}의 훈육과 교정은 우리의 신체에 새겨져 알아서 기게 만든다.

생체권력은 그래서 저항조차 어렵다. 더욱 끔찍한 일은 생체권력에 길들여지면 모든 잘못을 자신에게 돌리게 된다는 사실이다. "나를 걱정해주는 선생^{부모, 상사, 사장}을 실망시켰어"라고 자신을 비난하게 된다. "그들을 실

망시키지 않기 위해서는 알아서 잘해야 돼!"라는 그 끔찍한 '자발적 복종'은 생체권력이 탄생시킨 괴물이다. 이것이 '생체권력'의 무서움이고 집요함이며 비인간성이다.

서양철학의 끝판대장

질 들뢰즈

철학사에 이름을 남긴 철학자는 모두 당대 최고의 지성이었다. 하지만 그들도 다음 세대의 철학자에게 그 자리를 내어주게 된다. 철학사는 그런 포연 없는 전쟁터다. 그래서 철학사를 공부하면서 늘 궁금했다. 철학사라는 전쟁의 마지막, 그러니까 지금의 최종 승리자는 누구일까? '질 들뢰즈'다. 적어도 서양철학사에서는 그렇다. 들뢰즈는 명실공히 서양철학의 끝판대장이다. 그만큼 들뢰즈의 철학은 지금 시대 너머에 있다.

들뢰즈의 철학을 특징짓는 많은 이름들이 있다. '차이의 철학', '사건의 철학', '유목의 철학', '생성의 철학'······. 그의 철학이 얼마나 방대한 사유를 담고 있는지를 간접적으로 드러낸다.

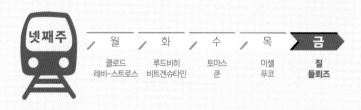

Gilles Deleuze: 1925년 1월 18일~1995년 11월 4일

　　들뢰즈는 철학의 목적이 이미 주어진 것들을 정당화하는 데 있어서는 안 된다고 주장했다. 그는 새로운 개념을 만들어 냄으로써 시대를 극복하는 것이 철학의 목적이라고 주장했다. 들뢰즈가 만들었던 많은 개념들은 이제 갓 시작된 21세기의 세상과 인간을 사유하고 극복해 나가는 데 중요한 무기가 될 것이다. "21세기는 들뢰즈의 세기가 될 것이다." 미셸 푸코의 전언은 옳았다.

　　주요 저서로는 『차이와 반복』, 『천 개의 고원』, 『안티오이디푸스』 등이 있다.

생성

들뢰즈의 철학은 '생성'이라는 개념으로부터 출발하자. 철학에는 '존재론'이라는 것이 있다. 이는 존재하는 대상존재자들 일반에 관한 학문을 의미한다. 달리 말해, 존재론은 세상에 존재하는 대상들을 어떤 방식으로 어떻게 규정할 것인가에 대한 이론이다. 즉, 어떤 철학자가 어떤 존재론을 가지고 있느냐에 따라 세상에 존재하는 대상들을 다르게 규정할 수 있다는 의미다. 들뢰즈에게 '생성'이라는 개념이 중요한 이유가 여기에 있다. 들뢰즈의 '존재론'은 '생성'이라는 개념으로 기초 세워져 있기 때문이다.

들뢰즈는 이 '생성'이란 개념으로 세상에 존재하는 대상들을 규정하려 했다. 주의해야 할 점이 있다. 들뢰즈의 '생성' 개념은 단순히 '만들어짐'이라는 의미로 받아들여서는 안 된다. '만들어짐'에는 두 가지 형태가 존재하는 까닭이다. '창조'로서의 만들어짐과 '생성'으로서의 만들어짐.

창조와 생성은 무엇이 다를까? 창조는 '무'無에서 '유'有로 만들어짐을 의미한다. 하지만 생성은 다르다. 들뢰즈가 말한 '생성'은 '유'有에서 '유'有로 만들어짐이다. '생성'으로서의 존재론에 대해 들뢰즈는 이렇게 말했다.

"우리는 결코 (무로부터 출발한다는 의미에서) 시작하지 않는다. 우리는 결코 백지를 가지고 있지 않다. 우리는 중간으로 미끄러져 들어간다."

– 『스피노자의 철학』 중에서

난해하게 들리는 들뢰즈의 이야기도 '생성' 개념을 알고 있다면 어렵지 않다. 들뢰즈의 존재론은 '생성'에 기반해 있다. 그러므로 모든 대상은 '있음'에서 '있음'으로 만들어질 수밖에 없다. 뒤집어 말해, 생성의 철학에서 '없음'은 없다. '없음'은 머릿속에만 존재하는 관념적인 것일 뿐 실재적인 것이 아니다. 그러니 당연히 "우리는 결코 백지를 가지고 있지 않"고 또 "우리는 결코 (무로부터 출발한다는 의미에서) 시작하지도 않는다." 단지 우리는 '있음'과 '있음' 그 중간으로 미끄러져 들어가는 것일 뿐이다. 우리도 다른 대상들도 나아가 모든 존재는 그렇게 '생성'되는 것이다.

비창조론자라면 들뢰즈의 '생성' 개념은 낯설지 않다. 세상에 '무'에서 '유'로 '창조'되는 것이 어디 있을까? 모두 '유'에서 '유'로 '생성'되는 것 아닌가? 책은 종이에서 나오고, 종이는 나무에서 나온다. 나도 부모에게서 나오고, 그 부모는 조부모에게서 나온다. 결국 존재하는 모든 것들은 '무'가 아니라 '유'에서 나온다. 즉 '생성'된다. 그렇다면 이제 우리는 '유'에는 두 가지 '유'가 있다는 결론에 도달하게 된다. '존재하는 유'가 있다는 말은 반드시 '존재하게 만든 유'가 있다는 의미이니까 말이다.

다시 의문이 든다. '존재하는 유'는 어떻게 바로 그 '유'가 되는 걸까? 달리 말해, '종이'^{존재하게 만든 유}가 꼭 '책'이 되어야 하는 것도 아니고 '부모'가 꼭 '나'를 낳아야 하는 것도 아니지 않은가? 종이는 수첩이 될 수도, 스케치북이 될 수도 있다. 부모는 때로 '나'가 아니라 '형·누나·언니·동생'을 낳기도 하지 않는가.

아장스망

이처럼 '존재하는 유'가 다른 '유'가 아닌 바로 그 '유'가 되는 것은 왜인가? 들뢰즈에 따르면, '아장스망' 때문이다. '아장스망'agencement은 '배치·배열'arrangement을 의미하는 프랑스어다. '유'부모·종이에서 '유'아기·종이묶음가 나오지만, 나온 '유'아기·종이묶음가 특정한 바로 그 '유'나·책가 되는 이유는 '아장스망' 때문이다. 이미 존재하는 특정한 유존재하게 만든 유들의 '배치·배열'에 의해 단독적이고 유일한 바로 그 '유'로 생성된다는 것이다. 들뢰즈의 이야기를 직접 들어보자.

아장스망이 무엇인가? 그것은 다양한 이질적인 항들로 구성되어 있으며, 나이의 차이, 성별의 차이, 신분의 차이, 즉 차이 나는 본성들을 가로질러서 그것들 사이에 연결이나 관계를 구성하는 다중체이다. 따라서 아장스망은 함께 작동하는 단위이다. 그것은 공생이며 공감이다.

– 『대화』(Dialouges) 중에서

철학책 한 권이 있다. 그 책은 어떻게 생성된 것일까? 이미 존재하는 '종이-작가철학자-편집자인문편집자-출판사인문서적 출판사'라는 '다양한 이질적인 항들로 구성'된 배치에 의해서 가능해진다. 그 배치가 달라지면 전혀 다른 유가 된다. 예컨대, '종이-노동자-공장'이라는 배치가 구성되면, 책이 아니라 스케치북이나 수첩이 된다. 또한 다른 작가, 다른 편집자, 다른 출판사로 배치가 구성되면 철학책이 아닌 자기계발서나 경제·경영서가 된다.

'나'도 마찬가지다. '30대의 남자-20대의 여자-쌉싸름한 맥주-감미로운 음악-호텔'이라는 "나이의 차이, 성별의 차이, 신분의 차이, 즉 차이 나는 본성들을 가로질러서 그것들 사이에 연결이나 관계를 구성"했기에 가능해진 것이다. 이 항들 중에 하나의 항이라도 빠지거나 혹은 바뀌면 '나'는 태어나지 않을 수도 있다. 미세하게 바뀐 배치에서 누군가 태어난다 하더라도 그 '나'는 지금의 '나'가 아닌 다른 존재일 수밖에 없다.

들뢰즈는 이 아장스망을 설명하기 위해 흥미로운 이야기를 하나 들려준다. 그 이야기는 '등자'라는 발명품에 대한 설명으로 시작한다. 들뢰즈의 이야기를 직접 들어보자.

> '인간-동물-제작된 도구' 유형의 아장스망, 즉 인간-말-등자를 생각해보자. 기술자들은 등자가 기사들에게 옆 방향으로 안정성을 제공해줌으로써 새로운 조직, 즉 기병을 가능하게 했다고 설명한다. …… 이 경우 인간과 동물은 새로운 관계에 들어간 것이고, 전자나 후자 모두 변화하게 된 것이다.
>
> – 『대화』(Dialouges) 중에서

등자는 말 옆구리에 매달아 놓은 쇠고리로, 말에 오르거나 내릴 때 발을 넣도록 만든 물건이다. 역사학자들에 따르면, 등자의 발명은 당시 전쟁의 양상과 판도를 바꾸었다고 한다. 등자가 없던 시절의 전투는 주로 보병들의 싸움이었다. 그런데 등자의 발명으로 보병들이었던 군인들이 말에 쉽게 올라탈 수 있게 되었고, 말 위에서 쉽게 균형을 잡을 수 있게 되었다. 비로소 말 위에서도 양팔을 사용해 무기를 사용할 수 있게 된 것이다. 이로써 기동성을 갖춘 기마병이 탄생했다. 정확히는 보병이 기마병으로 바뀐 셈이다.

보병과 기마병은 전혀 다르다. 걸으면서 전투를 하는 사람과 말을 타고 전투하는 사람은 다리와 팔, 허리 근육은 물론이고, 균형감각도 다르다. 바라보는 시야도 다르다. 심지어 그로 인해 생각과 판단도 다르다. '인간^{보병}-동물^말-제작된 도구^{등자}'처럼 아무 관련 없어 보이는 이질적인 항들의 배치를 통해 보병은 기마병으로 '생성'된 것이다. '아장스망' 때문이다.

인간만 그런가? 운송수단으로서의 말은 마치 당나귀처럼 온순하다. 하지만 '인간^{보병}-동물^말-제작된 도구^{등자}'라는 배치가 만든 말은 어떤가? 그 온순한 말은 용맹스러운 사자처럼 거칠고 위험한 전장을 누비고 다니는 기마로 '생성'된다. 인간과 말만 그런가? 역사학자들의 이야기처럼, 이질적인 항들의 배치를 통해 당시 거대한 전쟁의 양상과 판도까지 새롭게 '생성'된 것 아닌가. 이처럼, 아장스망은 모든 것을 새롭게 '생성'해낸다.

실재성, 현실성, 잠재성

들뢰즈의 아장스망에 대한 논의를 우리네 삶으로 끌어들여 보자. 아장스망의 재구성을 통해 보병이 기마병으로, 온순한 말이 기마로 생성된 것처럼 우리 역시 그렇게 새롭게 생성될 수 있다. 소심하기 짝이 없는 사람이 당당한 사람이 될 수도 있고, 돈밖에 모르는 사람이 사랑의 의미를 깨달은 사람이 될 수도 있다. 이질적인 항들의 배치 속으로 들어가 아장스망을 재구성하면 우리는 이전과 전혀 새로운 존재로 생성될 수 있다.

하지만 이는 늘 소심하며 돈, 돈, 돈하는 존재로 살아왔던 사람과 또 그런 사람들만 보아왔던 사람들에겐 낯설고 의심스러운 이야기다. 아장스망으로 새로운 존재가 생성될 수 있다는 이야기만으로는 부족하다. 이런 우리의 의심을 예견하기라도 한 듯 들뢰즈는 '실재성', '현실성' 그리고 '잠재성'에 대해 이야기한다. 직접 들어보자.

> "잠재적인 것은 실재적인 것에 대립하지 않는다. 다만 현실적인 것에 대립할 뿐이다. …… 잠재적인 것은 심지어 실재적인 대상을 구성하는 어떤 엄정한 부분으로 정의되어야 한다. 마치 실재적 대상이 자신의 부분들 중의 하나를 잠재성 안에 갖고 있는 것처럼."
> – 『차이와 반복』 중에서

간단히 말해, '실재성=잠재성+현실성'이라는 말이다. 실재하는 존재는 현실적인 것 이외에 아직 발현되지 않는 잠재성까지 포함된다는 의미다. 흔히 우리는 '현실성'이 '실재성'이라고 믿는다. '나' 혹은 '그'라는 존재^{실재성}는 소심하고 돈밖에 모르는 존재^{현실성}라고 믿고 있다. 완전히 틀린 말은 아니다. 하지만 들뢰즈에 따르면 반은 옳고 반은 틀렸다. '실재성'은 (이미 드러난) '현실성'뿐만 아니라 (현실에서 아직 드러나지 못한) '잠재성'마저 이미 포함하고 있기 때문이다.

작은 씨앗 하나를 생각해보자. 씨앗^{실재성}은 그저 씨앗일 뿐일까? 씨앗은 이미 드러난 모습^{현실성}처럼 보잘것없는 작은 알맹이일 뿐인가? 아니다. 그 씨앗 안에는 언젠가 화려하게 필 꽃^{잠재성}이 이미 들어 있다. 그러니 '씨앗^{실재성}=알맹이^{현실성}+꽃^{잠재성}'인 셈이다. 씨앗이라는 '실재성'은 그런 것이다. '실재성'에 '잠재성'이 이미 내포되어 있다면, 어떤 의미에서 씨앗은 이미 꽃이라고도 말할 수 있다.

어떤 존재^{실재성}도 겉으로 드러난 모습^{현실성} 이외에 앞으로 다르게 '생성'될 수 있는 잠재성을 이미 가지고 있다. 소심하고 돈밖에 몰랐던 G라는 사람을 알고 있다. G는 그런 자신의 모습이 싫었지만, 당당하고 돈으로부터 자유로운 자신은 언감생심 꿈도 꾸지 못했다. 왜 그랬을까? 그는 드러난 '현실성'만이 '실재성'이라고 믿었기 때문이다. 즉, 자신의 '잠재성'을 보지 못했기 때문이다. 그의 '현실성'은 '나-(돈에 집착하는) 가족-(어렵게 들어간) 직장'이라는 아장스망에 의해 '생성'된 것이었다.

놀랍게도 G는 과거의 자신과 결별하고 전혀 다른 사람이 되었다. 직장은 그만두었고, 누구 앞에서든 자신이 할 이야기를 하며, 돈보다 소중한 것들이 많다는 것을 깨달은 존재가 되었다. 그는 지금 건강한 그래서 행복한 삶을 살아가고 있다. 어떻게 그럴 수 있었을까? 자신의 잠재성을 깨달았기 때문이다.

한 톨의 씨앗은 '좋은 흙-비-햇볕'이라는 아장스망으로 자신이 꽃이 될 수 있는 잠재성을 깨닫게 된다. G도 그랬다. '나-퇴사-여행-연인'으로 재구성된 아장스망은 그에게 자신의 잠재성을 깨닫게 해주었다. G 안에는 '당당한 G'도 '돈보다 소중한 가치들을 긍정하는 G'도 이미 내포되어 있었음을 알게 되었다. 그렇게 그는 매일 조금씩 더 어제보다 아름다운 사람이 되어가고 있다. 이처럼 아장스망은 중요하다. '실재성=현실성'이라 믿고 있는 우리에게, 우리 안에 이미 존재하는, 하지만 아직 발현되지 않은 잠재성을 비춰주기 때문이다.

들뢰즈가 '노마디즘'을 이야기한 이유

들뢰즈의 핵심 개념 중 하나가 '노마디즘'이다. '노마디즘'은 흔히 '유목주의'라고 번역된다. '유목주의'는 무엇일까? 먼저 정착민과 유목민의 차이를 설명하는 것이 좋겠다. 정착민은 정해진 장소에 고정되어 살아가는 사람을 의미한다. 반면 유목민은 한 장소에 고정되지 않고 여러 곳을 이동하며 사는 사람이다. 중요한 것은 여기서 말하는 '장소'라는 것이 꼭 특정한 '공간'만을 의미하지 않는다는 사실이다.

"내 전공은 기계공학이니 철학은 할 필요가 없어!"라고 생각하는 사람이 있다고 해보자. 그는 유목민처럼, 아무리 많은 곳을 여행 다녔다고 할지라도 전형적인 정착민이다. 반대로 태어나 죽을 때까지 시골 마을에서 살았다 할지라도 늘 새로운 것에 관심을 갖고 온몸으로 부딪치면서 새로운 것들을 받아들이고 변화하려고 했다면 그는 유목민이다. 즉 '노마디즘'이란 하나의 가치, 하나의 스타일에 고정되어 있지 않고 자신이 있던 곳으로부터 벗어나 새로운 존재로 살아가려는 방식이라고 할 수 있다.

들뢰즈는 '노마디즘'적 삶의 태도를 강조했다. 이제 우리는 그 이유를 알 수 있을 것도 같다. 들뢰즈의 존재론을 다시 생각해보자. 그는 존재가 '생성'

되기 위해서는 이질적인 항들을 연접적으로 연결시키는 '아장스망'이 필요하다고 말했다. 그 과정에서 우리의 '현실성' 이외에 이미 존재하는 '잠재성'이 드러나 새로운 존재가 될 수 있다고 말했다. 하지만 들뢰즈의 탁월한 철학적 사유와 별개로 현실에서는 치명적 문제가 하나 도사리고 있다. 인간은 언제나 익숙한 배치에서 벗어나려고 하지 않는다는 사실이다.

가족, 학교, 직장, 동호회, 어디든 주위에 있는 사람들을 보라. 그들은 하나같이 익숙한 환경을 벗어나려고 하지 않는다. 가족은 익숙함의 결정체다. 그래서 낯선, 이질적인 존재는 결코 집으로 들이지 않는다. 학교도 마찬가지다. 한번 정해진 전공은 바꾸려 하지 않는다. 직장은 어떤가? 자신이 하던 업무를 벗어나 새로운 업무는 하려고 하지 않는다. 동호회는 어떤가? 새로운 사람을 만나기보다 익숙한 그래서 편안한 사람을 만나려 하지 않던가. 여기도 저기도 전부 정착민들뿐이다.

'아장스망'은 분명 우리를 새로운 존재로 거듭나게 해준다. 하지만 그 철학적 이론을 안다고 해도 쉽게 새로운 존재로 생성되지 못한다. 왜? 우리의 삶의 태도가 정착민인 까닭이다. 언제나 익숙한 배치를 원한다. 심지어 그 배치가 우리를 불행으로 몰아넣는 것을 아는 경우에도 그곳에 머물려고 한다. 새로운 배치를 거부하기에 '잠재성'은 발현되지 못한다. 이것이 언제나 우리가 '현실성'만이 '실재성'이라 믿으며 자기부정적으로 살게 된 이유다.

우리 속에는 잠재성이란 숨은 보석이 있다. 그 보석은 유목적인 삶을 사는 사람에게만 반짝임을 보여준다. '잠재성'은 유목적인 삶을 사는 사람들에게만 '현실성'으로 드러난다. '아장스망'은 분명 우리네 삶에 새로운 전망을 열어준다. 하지만 '아장스망'은 '노마디즘'이란 삶의 태도가 전제되지 않는다면 하나 마나 한 공허한 이야기가 될 뿐이다.

과감하게 여행을 떠나려는 '노마디즘'적인 사람만이 새로운 '아장스망'을 구성해 새로운 존재로 생성될 수 있다. 이것이 들뢰즈가 '노마디즘'을 강조한 이유다.

'끝' 아닌
'시작'을 위한 책

1.

　우리의 삶을 시들게 하는 것은 '삶의 관성'입니다. 우리는 익숙해서 안정
감을 주는 삶을 원한다고 믿지요. 하지만 정작 우리네 삶을 시들게 하는 것
은 어제와 같은 오늘, 오늘과 같은 내일이 계속되는 삶의 관성입니다. 삶을
돌아보세요. 익숙해서 안정감을 주는 '학교' 때문에 우리는 얼마나 시들었던
가요. 익숙해서 안정감을 주는 '직장'은 우리를 얼마나 시들게 했던가요. 가
장 익숙해서 가장 큰 안정감을 주었던 '가정'이 우리를 질식케 했던 것은 공
공연한 비밀 아닌가요?

　삶의 생기를 북돋는 것은 '삶의 전환'입니다. 어제와 다른 오늘이 될 거라
는 기대, 오늘과 다른 내일이 펼쳐질 거라는 설렘이 우리네 삶의 생기를 북
돋지요. 삶이 시들어갈 때 여행을 떠나고 싶은 이유도 그래서입니다. 모종의
삶의 전환을 꾀하는 것이지요. 하지만 여행의 허망을, 여행을 떠나본 분들
은 다 압니다. 여행으로 꾀했던 '삶의 전환'의 귀착지는 '삶의 관성'이니까요.
여행에서 돌아와 학교, 직장, 가정으로 돌아가면 다시 삶이 시들어가지요.

　근본적인 '삶의 전환'은 어떻게 가능할까요? 다시 여행 이야기로 돌아가
볼까요? 여행은 잠시지만 어떻게 삶의 전환을 가능케 할까요? 그건 낯선 곳
으로 떠났기 때문입니다. 모든 것이 낯설어 보이기에 삶의 전환이 일어났던

겁니다. 낯선 세계를 통해 삶의 전환이 일어났던 겁니다. 그래서 여행에서 돌아와 익숙한 공간으로 오면 다시 삶의 관성의 지배를 받게 되는 것이지요. 이제 근본적 '삶의 전환'은 어떻게 가능한지에 대해 답할 수 있습니다. 계속 낯선 곳에 있으면 됩니다.

그렇다면 계속 물리적 여행을 다니는 삶을 살아야 할까요? 현실적 어려움을 차치한다면, 그것도 하나의 방법이 될 수 있겠지요. 하지만 그보다 더 좋은 방법이 있습니다. 낯선 세계를 만나는 원인은 그 낯선 세계에 있는 것일까요? 즉 유럽의 고풍스러운 건물들이 낯설게 보이는 원인은 그 건물들 때문일까요? 아닙니다. 엄밀히 말해, 그것이 낯설게 보이는 이유는 우리의 '눈' 때문입니다. 한국의 익숙한 건물에 길들여진 눈.

익숙한 세계에 길들여진 눈 때문에 이국적인 세계에 매혹되는 겁니다. 근본적인 '삶의 전환'은 '세계'에서 찾을 수 없습니다. 세계에서 삶의 전환을 찾으려 하면 그 끝에는 허무주의밖에 없습니다. 더 큰 자극만 찾는 이들이 종국에 만나게 되는 허무주의. '삶의 전환'은 눈에서 찾아야 합니다. 다른 눈을 갖게 되면 익숙한 공간도 낯설어 보이게 마련입니다. 그 눈을 가능케 하는 것이 바로 '철학'입니다.

'철학'은 근본적인 '삶의 전환'을 이끕니다. 쉬이 믿지 못할 수도 있겠지만 사실입니다. 라캉과 프로이트의 '철학'을 알게 되면, 너무나 익숙했던 우리의 '의식'이 한없이 낯설어 보입니다. 마르크스의 '철학'을 알게 되면, 너무나 익숙한 '자본주의'가 한없이 낯설어 보입니다. 같은 방식으로 레비-스트로스를 통해 '문명', 베르그송을 통해 '시간', 푸코를 통해 '교육'이라는 너무나 익숙한 것들을 낯설게 볼 수 있습니다. 아니 더 정확하게 말하자면 익숙한 것을 낯설게 볼 수 있는 눈을 갖게 되는 것이지요.

2.

이 책을 덮으려는 지금 스무 명의 철학자와 그들의 사유를 이해하기 위한 기초 개념들을 알게 되셨을 겁니다. 그렇게 이 책은 끝이 났습니다. 하지만 이 책은 끝난 게 아닙니다. 만약 이 책이 여기서 끝나버린다면, 이 책이 제 기능을 다하지 못했다는 의미입니다. 여전히 '삶의 전환'을 만나지 못하셨을 테니까 말입니다. 정확히는 익숙한 것들을 낯설게 볼 수 있는 눈을 갖게 되지 못하셨을 테니까요.

지금, 이 책은 끝나지만 동시에 시작됩니다. 이 책을 통해 라캉, 프로이트, 마르크스, 레비-스트로스, 베르그송뿐만 아니라 더 많은 이들의 철학을 조금 더 깊이 있게 알아 가셔야 하기 때문입니다. 멈추지 말고 계속 나아가셨으면 좋겠습니다. 그들의 철학이 나의 철학이 될 때까지 공부를 멈추지 않았으면 좋겠습니다. 그렇게 그들의 철학이 내게 스며들어 나만의 '철학'이 되었을 때, 삶의 전환을 꾀할 새로운 눈을 뜰 수 있을 겁니다. 그렇게 익숙한 곳을 낯설게 볼 수 있을 겁니다.

언젠가 여러분이 그 새로운 눈을 뜨게 되었을 때, 비로소 이 책은 끝이 나는 것일 테지요. 그렇게 자신만의 철학을 만들고, 새로운 눈을 뜨게 되셨으면 좋겠습니다. 그렇게 '지금-여기서' 여행할 수 있는 사람이 되었으면 좋겠습니다. 그렇게 시들어가는 삶에서 벗어나, 조금 더 푸릇푸릇한 삶을 이어갔으면 좋겠습니다. 여러분이 이 책을 진정으로 끝내기를 바라는 마음으로, 이제 시작되는 이 책을 마무리할까 합니다.

긴 글 읽어주어 진심으로 고맙습니다. 언젠가 서로의 '철학'이 교차되는 길목에서 만나뵙게 되길 기대해봅니다.

2019년 여름, 홍대 집필실에서 **황 진 규**